무신론자들의 마음속

Inside the Atheist Mind
Unmasking the Religion of Those Who Say There is No God
by Anthony DeStefano
Copyright © 2018 by Anthony DeStefano
Korean Translation Copyright© 2018 by Duranno Ministry

This Korean edition published by arrangement
with Anthony DeStefano c/o Global Lion Intellectual Property Mgt., Inc.
through Duran Kim Agency, Seoul

이 책의 한국어판 저작권은 듀란킴 에이전시를 통해
Global Lion Intellectual Property Mgt., Inc.와 독점 계약한 두란노서원에 있습니다.
저작권법에 의하여 한국 내에서 보호받는 저작물이므로 무단 전재와 무단 복제를 금합니다.

무신론자들의 마음속

지은이 | 앤서니 데스테파노
옮긴이 | 정성묵
초판 발행 | 2018. 11. 21
등록번호 | 제1988-000080호
등록된 곳 | 서울특별시 용산구 서빙고로65길 38
발행처 | 사단법인 두란노서원
영업부 | 2078-3333 FAX | 080-749-3705
출판부 | 2078-3332

책값은 뒤표지에 있습니다.
ISBN 978-89-531-3333-4 03230

독자의 의견을 기다립니다.
tpress@duranno.com www.duranno.com

두란노서원은 바울 사도가 3차 전도 여행 때 에베소에서 성령 받은 제자들을 따로 세워 하나님의 말씀으로 양육
하던 장소입니다. 사도행전 19장 8-20절의 정신에 따라 첫째 목회자를 돕는 사역과 평신도를 훈련시키는 사역,
둘째 세계선교™와 문서선교단행본·잡지 사역, 셋째 예수문화 및 경배와 찬양 사역, 그리고 가정·상담 사역 등을 감
당하고 있습니다. 1980년 12월 22일에 창립된 두란노서원은 주님 오실 때까지 이 사역들을 계속할 것입니다.

무신론자들의 마음속

앤서니 데스테파노 지음 | 정성묵 옮김

두란노

대부분의 무신론자들은 냉혹하고 분노만 가득할 뿐 유머라고는 찾아 볼 수 없다. 이 책에서 앤서니 데스테파노는 현대 무신론이라는 가짜 지성을 뽐내는 독선적이고도 오만한 무리를 날카로우면서도 유쾌한 글로 완전히 무너뜨리고 있다. 무신론 진영에서 곡소리가 나오게 할 만한 책이다. 적들은 푸념하고 저자는 환히 웃게 될 것이다. 많은 것을 깨우쳐 주고 흥미롭고 답답한 속을 확 풀어 주는 책이다.
- 마이크 허커비(MIKE HUCKABEE), 전 아칸소 주지사

마침내 무신론에 정면으로 맞설 사람이 나타났다는 사실에 흥분을 금할 수 없다. 저자의 헌신과 철저한 조사 끝에 탄생한 작품에 박수갈채를 보낸다. 이 책은 재미있지만 더없이 솔직해서 적잖은 사람의 심기를 건드릴 게 뻔하다. 하지만 무엇을 믿든 모두가 시간을 내서 이 책을 정독해야 한다고 믿는다. 후회하지 않을 것이다.
- 글렌 벡(GLENN BECK), 정치 논객, 저자, 언론인

이 책은 공격적인 현대 무신론자들의 주장이 얼마나 비논리적이고 지적으로 빈약한지를 적나라하게 보여 주는 강력한 반격이다. 앤서니 데스테파노는 아이러니와 풍자, 무엇보다도 완벽히 조사된 사실로 현대 무신론자들의 철학이 얼마나 공허하고 위선적인지를 속 시원하게 보여 준다. 이 책 덕분에 그리스도인을 비롯한 모든 종교의 신자들이 점점 더 거세져만 가는 불신자들의 공격에 효과적으로 대응할 수 있게 되었다.
- 릭 샌토럼(RICK SANTORUM), 전 미국 상원의원(펜실베이니아 주)

너무도 못된 아이들이 있다. 그런 녀석들은 점잖게 설득해봐야 소용이 없다. 앤서니 데스테파노는 이 점을 잘 알고서 '새로운 무신론자'라고 하는 이 멍텅구리들에게 과감히 매를 들었다. 정말이지, 호되게 얻어맞아도 싼 자들이다. 자신이 이 지혜롭고도 재치 있는 책을 읽을 만큼 논리적이라고 생각하는 무신론자들이 있다면, 제발 꿈에서 깨어나길 간절히 바란다.
- 에릭 메타삭스(ERIC METAXAS), 베스트셀러 저자이자 에릭 메타삭스 쇼(ERIC METAXAS SHOW) 진행자

현대 무신론이라는 미신이 통찰력 깊은 이 새로운 책에서 만신창이가 된다. 대중을 홀리려는 무신론자들의 시도를 적나라하게 폭로한 앤서니 데스테파노는 확실히 그들보다 한수 위다. 이 책에서 큰 깨달음과 힘을 얻게 될 것이다.
- 제이슨 차페츠(JASON CHAFFETZ), 폭스 뉴스 해설자이자 전 미국 하원의원(유타 주)

전작들에서 앤서니 데스테파노는 신앙, 기도, 천국의 경이를 온 세상 사람들에게 똑똑히 보여 주었다. 이 새로운 책에서 그는 공공 영역에서 모든 신앙적 표현을 몰아내고, 하나님을 믿는 사람들을 무지몽매한 사람으로 몰아가려는 '새로운 무신론자들'의 불관용을 속 시원하게 파헤친다. 이 책은 종교가 발전의 적이라는 새로운 무신론자들의 주장과 달리 신앙과 종교가 무엇보다도 과학, 미술, 문학, 음악 분야에서 끼친 선한 영향을 밝혀준다.
- 켄 블랙웰(KEN BLACKWELL), 전 오하이오 주 국무장관이자 재무장관

Contents

당부의 말

당신이 크리스토퍼 히친스(Christopher Hitchens)나 리처드 도킨스 (Richard Dawkins), 샘 해리스(Sam Harris) 같은 요즘 창궐하는 오만한 불신자들의 글을 사랑해 마지않는 호전적인 무신론자라면, 혹시 오해할지도 몰라서 말하는데, 이 책은 당신을 위한 책이 전혀 아니다. 이 책에서 내 목적은 당신이 하나님을 믿도록 설득하거나 하나님의 존재를 증명하는 것이 아니다. 그런 책이라면 이미 시중에 수백 권이 넘게 나와 있다.

이 책은 당신을 '위한' 책이 아니라 바로 당신에 '관한' 책이다. 당신이 수시로 하는 지독히 기만적이고 악의적이며 교만하고 비겁하며 증오로 가득한 말과 행동에 관한 책이다.

이 책은 진심으로 진리를 찾는 불가지론자들을 위한 책도 아니요 끔찍한 고난을 당한 뒤에 하나님께 분노해 있는 사람들을 위한 책도 아니다. 믿음이 흔들리는 솔직한 사람들을 돕기 위한 좋은 책들도 시중에서 쉽게 찾아볼 수 있다.

이 책이 겨냥하는 표적은 하나님을 거부할 뿐 아니라 '무의 복음'(Gospel of Nothingness)을 온 세상에 퍼뜨리려는 악한 무리들이다. 우리가 볼 때, 지적인 것처럼 보이나 전혀 지적이지 못한 이 무뢰한들을 신사적으로 다룬 책들이 시중에 너무 많이 나왔다. 그리스도인들이 신앙을 옹호하기 위해 진흙탕 싸움을 벌일 필요가 없다는 생각에 친절하고도 이성적이며 온화한 태도를 취한 저자들이 너무도 많다. 그 마음은 아름답고 충분히 존경할 만하지만 안타깝게도 그런 방식은 통하지 않는다. 현대의 무신론자들은 무례한 자들이다.

따라서 당신이 이 책을 계속해서 읽을 생각이라면 친절하고 신사적인 대접은 기대하지 않는 편이 좋다. 이 책에 달래기나 당신의 입장에 대한 존중, 훈훈한 논쟁, 대화 따위는 없다.

"종교는 조롱하고 미워하고
경멸해야 마땅하다고 생각한다.
나에게는 그럴 권리가 있다"는
크리스토퍼 히친스와
그들의 추종자들의 마음을 들여다보다.

Inside the Atheist Mind

1.

무신론자들의 오만

신은 없다,
신을 미워하다

당신은 오만하고 버릇없는 아이들을 본 적이 있을 것이다. 부모와 선생, 어른도 알아보지 못하고, 친구들에게 함부로 구는 어린 친구들을 본 적이 있을 것이다. 자신이 모든 것을 다 안다고 생각하지만 실상 그들은 아무것도 모른다. 거들먹거리기 좋아하고 밉살스러운 행동과 툭하면 못된 말을 일삼는 이기적인 아이들이다. 자신이 가진 모든 것이 친구들보다 좋다고 자랑하길 좋아하며 겸손이라고는 눈곱만큼도 찾아볼 수 없는 아이들이다. 항상 대장이 되려고만 하고, 관심의 중심에 서고 싶어 한다. 자신이 최고라고 외치고, 우기지만 사실 그들은 어리석기 짝이 없다. 작은 칭찬에도 목말라하고 칭찬해 주지 않으면 마음껏 골을 낸다. 정말 그들을 대할 때 우리는 각오를 해야 한다. 머리가 무척 아플 것이기 때문이다.

이런 녀석들은 어떤 지적도 쉽게 수긍하지 않는다. 녀석들은 자신의 '우월성'에 대한 어떤 도전도 용납하지 않는다. 그들의 첫 반응은 언제나 분노와 토라짐이다. 설상가상으로 그들은 자신의 생각을 말하지 말아야 할 때와 장소를 구분하지 못한다. 누군가 말했듯이 "그들의 생각 중 3분의 2는 부모나 손위형제들에게서 빌린 것이고 나머지 3분의 1은 눈앞의 욕구에 따라 형성된 것이다."[1]

이런 녀석들이 무엇인가를 믿는 데는 대개 아무런 근거가 없다. 대개 그들의 태도는 일종의 미성숙함이나 불안함에서 비롯한다. 그런데 그들의 오만이 현실에서 비롯했다면, 예를 들어 돈 많은 집안에서 태어났거나 실제로 '재능'이 탁월하다면, 그 오만이야말로 오히려 최악의 형태다. 이런 녀석들을 바로잡아 주지 않고 내버려 두면 세상을 향한 증오로 가득 찬 못된 불량배로 자란다.

하지만 부나 가정환경, 미성숙, 불안감, 단순한 천성까지 오만이 무엇에서 비롯했든 그 결과는 똑같다. 그 결과는 바로 무례함과 나쁜 행동이다. 오만한 아이는 하나같이 모든 사람이 자신의 아래에 있다고 착각한다. 실상은 자신이 남들보다 못한데도 오히려 자신이 다른 모든 사람보다 더 낫고 똑똑하다고 착각한다.

이 글을 읽는 독자들은 이런 아이를 한 번쯤은 보았을 것이다. 그런 적이 있다면 그 아이의 이미지를 몇 분간 머릿속에 떠올려 보라.

왜냐하면 이 이미지가 이번 장의 주제만이 아니라, 이 책 전체의 주제를 이해하는 데 매우 중요하기 때문이다. 내가 위에서 묘사한 전형적인 오만한 아이의 모습이 전형적인 현대 무신론자들의 모습과 정확히 일치하기 때문이다.

그렇다. 우리는 못되게 구는 아이들을 본 적이 있을 뿐 아니라 사회 전체에 유해한 오만의 암 덩어리를 퍼뜨리는 소위 '새로운 무신론자들'(new atheists)의 행태를 본 적이 있다. 누구를 말하는지 알 것이다. 그들은 공개적인 자리에서 종교적인 이미지가 아주 조금만 사용되면 바로 발끈한다. 크리스마스 시즌에 백화점 점원이 아무 뜻 없이 "메리 크리스마스"라고 속삭이기만 해도 대번에 노려보기 바쁘다. 그들은 돈이나 정부 청사 벽에 적힌 '우리가 믿는 하나님 안에서'(In God We Trust)란 문구에 격렬하게 반대한다. 문이 닫힌 방 안에서 종교적인 말이 나지막이 새어나오기만 해도 득달같이 찾아가 따지는 자기 의의 화신들이다. 시끄럽고 거칠고 무례하며 도무지 사라질 줄 모른다.

이런 이유로 이 책에서 나의 주된 목적은 하나님의 존재를 증명하거나 하나님을 믿어야 하는 합당한 이유를 대는 것이 아니다. 그런 책이라면 이미 시중에 얼마든지 나와 있다. 이 책에서 나의 주된 목적은 무신론자들의 지독한 위선과 기만, 무지를 적나라하게 드러내는 것이다. 새로운 무신론자들의 말을 가만히 들어보면 유신론에 반대하는 데 대한 신중하고도 논리적인 근거를 전혀 찾아볼 수 없다. 그들의 말에는 무례하고도 근거 없는 독단만 가득할 뿐이다. 무엇보다도, 오만이 가득하다.

오만은 오랫동안 무신론자들의 또 다른 이름이었다. 무신론은 리처드 도킨스나 빌 마허(Bill Maher)에서 시작되지 않았다. 무신론의 위대한 수호성인이자 공교롭게도 아돌프 히틀러(Adolf Hitler)가 가장 좋아하는 철학자였던(무신론자들이 쉬쉬하는 사실) 프리드리히 니체(Friedrich Nietzsche)는 19세기에 하나님은 "죽어" "자신의 무덤에" 있다는 유명한 말을 했다.[2] 이 오만한 발언은 이후 몇 백 년 동안 수많은 무신론자들의 오만한 목소리를 통해 계속해서 재생되었다.

21세기의 호전적인 무신론자들은 오만을 거의 예술의 경지까지 끌어올렸다. 샘 해리스의 글이 얼마나 오만한가 보라. "신앙은 이성이 무너질 때 종교적인 사람들이 계속해서 믿을 수 있도록 서로에게 주는 면허 그 이상도 아니라는 점을 인정해야 한다." "무신론은 철학이 아니다. 그것은 심지어 하나의 세계관도 아니다. 그것은 단순히 자명한 사실을 인정하는 것일 뿐이다."[3]

리처드 도킨스의 글도 오만방자하기 짝이 없다. "신앙은 증거에 관해 생각하고 고민할 필요성을 피하기 위한 최고의 변명이다. 신앙은 증거가 없는데도 불구하고, 아니 어쩌면 증거가 없기 때문에 믿는 것이다."[4]

빌 마허는 또 어떤가? "신앙은, 생각하지 않는 것을 자랑하는 것이다 … 신앙을 전하고 돕고 격상시키는 자들은 인류를 망상과 비상식에 속박시키는 지적 노예주인들이다. 이런 망상과 비상식은 수많은 광기를 탄생시키고 정당화시켰다…"[5]

크리스토퍼 히친스도 거들먹거리며 말했다. "종교는 세상에 관해 조금이라도 아는 사람이 … 아무도 없던 선사 시대에 생겨났다. 종교는 두려움에 비명을 지르던 우리 종의 유아기에 생겼으며, 인간 본연의 지식 욕구(와 아울러 편안과 안심 같은 어린애 같은 욕구)를 채우기 위한 어린애 같은 시도다."[6]

이런 말들은 논리적인 주장이 아니다. 비열하고 유치한 조롱일 뿐이다. 이는 현대의 모든 무신론자들이 갖고 있는 근거 없는 우월감을 그대로 보여 주고 있다. '자명한 사실을 인정'하지 않고 '증거'를 피하기 위한 어린아이 같은 '변명'이라는 조롱은 오히려 그들이 오만한 어린아이와 같다는 증거일 뿐이다.

오늘날 전형적인 무신론자들의 입장은 다음과 같이 정리할 수 있다. 하나님을 믿는 것은 단순히 틀린 것이나 잘못 이해한 것이 아니다. 그것은 정신 이상이나 다름없다. 그것은 산타클로스나 부활절 토끼를 믿는 것과도 같다. 하나님이 존재한다는 그 어떤 경험적, 과학적 증거도 없기 때문에 하나님을 믿는 것에는 아무런 이성적 근거도 없다. 하나님은 볼 수도 느낄 수도 들을 수도 없고 하나님의 존재를 가리키는 그 어떤 지질학적 증거나 화석도 없으며 하나님을 수학적으로 증명할 수도 없기 때문에 존재하지 않는다. 더 이상 왈가왈부할 필요가 없다.

무신론자들은 지금까지 수많은 사람들이 하나님을 믿은 이유가 과학적 지식이 전혀 없는 안타까운 고대인들 탓이라고 주장한다. 그들은 만약 고대인들이 지금과 같은 지식을 갖고 있었다면 하나님 같은 '얼토당토않은' 이야기는 '절대' 믿지 않았을 것이라고 말한다.

무신론자들에 따르면, 이 눈부신 과학적 발전의 시대에도 여전히 하나님을 믿는 사람들은 어릴 적 종교에 빠진 어른들에게 세뇌를 당했거나 초자연적인 존재와 내세를 믿어야만 하는 심리적 '필요성'을 가진 자들이다. 무신론자들은 종교에 의존하는 것이 주로 세 가지 원인에서 비롯한다고 말한다. 죽음에 대한 두려움, 사랑하는 사람을 영원히 잃어버린 현실에 대한 부인, 삶 자체를 다룰 능력의 부재가 그것이다.

다시 말해, 현대의 무신론자들은 하나님을 믿는 사람들이 바보나 겁쟁이, 이렇게 둘 중 하나라고 믿는다. 이것은 과장이 아니다. 새로운 무신론자들은 '정말로' 그렇게 믿고 있다. 히친스의 《신은 위대하지 않다》(*God is Not Great*)나 도킨스의 《만들어진 신》(*The God Delusion*), 해리스의 《종교의 종말》(*The End of Faith*)을 읽어 보라. 제목 자체가 저자들의 태도를 그대로 보여 주고 있다. 이 중 어떤 책도 기독교 신앙에 대해 논리적인 반론을 펼치지 못한다. 단순히 믿음이란 개념 자체에 대한 비방에 불과하다.

요컨대 현대의 무신론자들은 신앙과 이성 사이의 그 어떤 연관성도 인정하지 않는다. 그들에 따르면, 모든 그리스도인은 지능이 떨어지는 사람들이다. 신을 믿는다는 것은 이성적으로 생각할 능력이 없거나 기도와 같은 초자연적인 활동에 의존하지 않고서는 인생의 문제를 다룰 정신적 감정적 힘이 없다는 증거다. 대개 이는 과학을 전혀 이해하지 못하고 있다는 증거다.

이런 주장의 가장 이해하기 어려운 점은 근거가 없거나 사실이 아니라는 점이 아니다. 물론 이런 주장이 근거도 없고 사실이 아니기도 하지만, 가장 황당한 점은 더할 나위 없이 모순적이라는 점이다. 생각해 보라. 무신론은 역사상 가장 합리적인 주장을 표방하고 있다. 하지만 역사를 조금이라도 아는 사람이라면 합리적인 사고 자체는 물론이고 대부분의 과학적 지식이 무신론자들의 머리가 아닌 하나님을 깊이 믿은 사람들의 머리에서 나왔다는 사실을 알 것이다.

잠시 철학, 논리학, 수학은 논외로 하고 과학 분야만 따로 떼어 그 분야의 중요한 역사적 인물들을 간략히 조사해 보자. 모든 과학의 아버지요 사실상 과학적 사고의 아버지는 누구인가?

답은 아리스토텔레스(Aristotle)다. 고대 그리스의 철학자 아리스토텔레스는 세계 주요 종교의 창시자들에 관해 전혀 몰랐다. 그런데 인간의 사고를 생물학, 물리학, 동물학, 인식론 같은 범주로 정리 및 분류했다. 그리고 아직도 역대 최고의 사상가로 불리는 이 아리스토텔레스도 신적인 지성을 믿었다. 사실 그는 순전히 물질적인 우주라는 개념을 거부하고 '원인 없는 제일 원인'(first, uncaused cause)의 존재를 주장했다.[7] 우주의 '최초의 원인'은 바로 '하나님'을 말하는 것이 아니고 무엇이겠는가. 그렇다. 아리스토텔레스는 하나님을 믿었다.

경험주의의 아버지 프랜시스 베이컨(Francis Bacon)은 어떤가? 경험주의는 모든 지식이 경험에서 비롯한다는 이론으로, 오늘날 무신론자들이 옹호하는 입장이다. 베이컨은 실험 과학이라는 연역적 방식을 확립한 인물로도 여겨지고 있다.[8] 다시 말해, 그는 과학적 방식 자체를 만들어 낸 사람이다. 그런데 그가 하나님을 믿었을까?

그렇다. 그는 하나님을 믿은 정도가 아니라 독실한 그리스도인이었다. 사실, 마지막으로 남긴 글은 바로 기도문이었다. "나의 주님을 봐서 나를 긍휼히 여기소서. 나를 당신의 품에 안아 주소서."[9]

아무나 역사 속의 유명한 과학자를 골라 보라. 예를 들어, 레오나르도 다빈치(Leonardo da Vinci)는 어떤가? 그는 발명가요 수학자요 식물학자요 천문학자요 공학자였던 인물이다. 해부학과 고생물학, 지리학, 고생물학, 족적 화석학, 비행기 설계를 비롯한 다양한 과학 분야의 아버지였다. 심지어 만물 박사 혹은 '르네상스 인간'(Renaissance Man : 여러 방면에 능한 사람-역주)'의 원형이었다. 그는 하나님을 믿었을까?

그는 분명 하나님을 믿었다. 뿐만 아니라 역사상 가장 빛나는 성화들을 그렸다.[10]

물리학의 아버지요 소위 17세기 '과학 혁명' 당시 가장 저명한 과학자로 중력 법칙을 발견한 과학자는 또 어떤가? 그의 이름은 뉴턴(Newton)이고, 그도 역시 하나님을 믿었다.[11] 사실, 현대 자동차와 비행기 날개 발명의 기초를 마련했던 다니엘 베르누이(Daniel Bernoulli), 엑스레이 발견자로 노벨 물리학상을 최초로 수상했던 빌헬름 뢴트겐(Wilhelm Röntgen), 양자이론과 양자역학의 창시자들인 막스 플랑크(Max Planck)와 막스 보른(Max Born)를 비롯해서 물리학계에서 가장 위대한 천재들은 하나같이 하나님을 믿었다.[12]

천문학계의 거장인 코페르니쿠스(Copernicus)와 갈릴레오(Galileo), 케플러(Kpler)도 다 하나님을 믿었다.[13]

식물학계의 거장들인 브룬펠스(Brunfels)와 터너(Turner), 부르하버

(Boerhaave)도 다 하나님을 믿었다.[14]

최초의 원소 주기율표를 고안하고 질량 보존의 법칙을 처음 생각했던 현대 화학의 아버지 앙투안 라부아지에(Antoine Lavoisier)도 하나님을 믿었다.[15]

전자기 분야의 선구자들인 전지 발명자 볼타(Volta)와 암페어(Ampére)도 하나님을 믿었다. 전압 단위인 '볼트'가 볼타의 이름을 딴 것이고 전류량 단위인 '암페어'가 암페어의 이름을 딴 것이다.[16] 전자기 이론과 전기 분해 법칙을 확립한 마이클 패러데이(Michael Faraday)도 하나님을 믿었다.[17]

백신, 미생물 발효, 저온살균법을 발견했으며 질병의 병원균 이론에 직접적인 도움을 준 것으로 유명한 프랑스의 화학자이자 세균학 창시자 중 한 명인 루이 파스퇴르(Louis Pasteur)도 독실한 그리스도인이었다.[18]

의학 분야에서는 생리학의 아버지 폰 할러(Von Haller)와 현대 해부학 연구의 아버지 윌리엄 하비(William Harvey)도 하나님을 믿었다.[19] 뇌수술의 선구자 윌리엄 킨(William Keen)과 이식수술의 선구자로 노벨상을 수상한 조지프 머리(Joseph Murray)도 하나님을 믿었다.[20]

사실, 현대 과학 시대 전체를 그리스도인들이 주도했다. 모든 로켓 기술은 독일 과학자 베르너 폰 브라운(Wernher von Braun)에게서 비롯했다. 모든 핵 기술은 최초로 원자를 인공적으로 분해한 과학자 어니스트 월턴(Ernest Walton)에게서 비롯했다. 휴대폰과 라디오, 원거리 통신 시스템을 비롯한 모든 무선 기술은 굴리엘모 마르코니(Guglielmo

Marconi)에게서 비롯했다. 모든 컴퓨터 기술은 프로그램 가능한 컴퓨터의 개념을 처음 생각해 내 오늘날 최초의 컴퓨터 과학자로 통하는 수학자이자 분석 철학자 찰스 배비지(Charles Babbage)에게서 비롯했다. 이들은 모두 하나님을 믿었다.[21]

과학의 선구자들에 관한 이야기가 나온 김에, 애초에 '과학자'라는 용어를 만들어 낸 사람은 누구일까? 답은 윌리엄 휴얼(William Whewell)이라는 성공회 신부이자 신학자다. 휴얼은 '물리학자', '음극', '양극'과 같은 흔히 사용되는 다른 과학 용어들도 만들어 냈다. 그렇다. 오늘날 과학자들이 사용하는 언어 자체가 신자의 뇌에서 나왔다.[22]

이런 과학계의 거인들 중 무신론자는 없었다. 그들 모두가 우주를 설계하고 창조한 지고한 존재를 믿었다. 이 목록은 끝이 없다. 이 목록에는 수많은 노벨 수상자와 과학 학교의 총장들이 포함되어 있다. 이 목록은 모든 지역과 시대를 아우른다. 실로 엄청난 목록이다.

그런데 무신론자들은 이 대단한 목록으로 무엇을 하는가? 아무것도 하지 않는다! 그들은 자신들의 사고에 반하는 그 어떤 것도 무시하고 거부한다. 혹은 이 목록이 무의미한 이유를 설명하기 위해 의미 없는 발버둥을 친다. 예를 들어, 이 목록에 있는 사람들 대부분이 진화론이나 유전학, 빅뱅 이론에 관해 몰랐다는 점을 지적하면서 그런 이유로 이 목록이 사실상 아무런 의미가 없다고 주장한다. 하지만 그런 주장은 과학의 역사에 대한 무지를 그대로 드러낸다.

1859년 진화론을 처음 주장한 《종의 기원》(Origin of Species)을 쓸 당시 찰스 다윈(Charles Darwin)은 분명 그리스도인이었다. 물론 나이를 먹을수록 인간 고통에 대한 안타까움으로 인해 피조물을 아끼는 인격적인 창조주의 존재를 의심했다. 하지만 그는 언제나 자신의 믿음 없음을 괴로워하였다. 그는 때로는 그리스도인이었고 때로는 불가지론자였다. 하지만 자신의 과학적 이론이 하나님이라는 개념과 양립할수 없다고 생각한 적은 한 번도 없었다. 오히려 그는 하나님이 다른 '종들'의 창조에는 직접적으로 관여하시지 않되 진화 법칙 같은 우주의 자연 법칙들만큼은 확실히 창조하셨다고 생각했다. 따라서 진화론의 아버지 찰스 다윈은 절대 무신론자가 아니었다.[23]

진화론에서 진화의 수단으로 여기는 유전자에 관한 학문은 어떤가? 진화론자들에 따르면, 이 지구상의 생명체가 점진적인 발전을 이룰 수 있는 것은 오직 유전자 돌연변이와 자연 선택을 통해서만 가능하다. 그렇다면 이 분야의 아버지는 누구인가?

답은 바로 아우구스티누스회 수도원의 수도원장이었던 그레고어 멘델(Gregor Mendel)이다. 식물학자이자 철학 교수였던 이 수사는 유명한 완두콩 실험으로 유전 법칙들을 정립하고 보이지 않는 '유전자'의 존재를 제안했다. 그의 연구는 현대 유전학의 근간이 되었다. 그렇다면 현재 가장 정설로 받아들여지는 우주의 기원에 관한 설명인 빅뱅 이론은 어떤가? 이 이론만큼은 무신론자가 주창했을까?

전혀 아니다! 빅뱅 이론뿐 아니라 우주 팽창 이론을 제안함으로써 사실상 현대 우주론의 물줄기를 완전히 바꿔놓은 장본인은 조르주 르메트르(Georges Lemaître)라고 하는 벨기에의 천문학자이자 천주교 신부다! 그렇다. 신부가 빅뱅 이론을 제안했다! 믿지 못하겠다면 조사해 보라.

루뱅 가톨릭 대학교(Catholic University of Leuven)에서 물리학을 가르친 조르주 르메트르는 1993년 알베르트 아인슈타인(Albert Einstein)이 참석한 유명한 캘리포니아 강연에서 빅뱅 이론을 발표했다. 아인슈타인은 르메트르 신부의 설명을 듣고 이렇게 말했다. "여태껏 들은 창조에 관한 설명 중에서 가장 아름답고도 흡족하다."[24]

어떻게 이럴 수 있을까? 어떻게 유전학의 아버지가 수사이고 빅뱅 이론의 아버지가 신부일 수 있을까? 이 사람들은 현대 무신론자들이 당연시 여기는 사실, 즉 자신의 이론이 하나님이란 개념과 상반되고 하나님의 존재 가능성을 없앤다는 사실을 알지 못했을까? 그런 이론을 제안하고서 하나님을 믿는다는 것이 모순이라는 점을 몰랐을까? 정녕 그들이 그렇게 분별력이 없는 자들이었을까?

아니면 다른 설명이 있는 것일까? 이 과학계의 거목들이 전혀 분별력이 없는 것이 아니라 현대 무신론자들이 이성적 사고의 기본을 이해하지 못하고 있는 것은 아닐까? 다시 말해, 우주 생성 '과정'에 관한 과학적 설명은 우주 생성의 '이유'에 대하여 설명하지 못한다. 과학은 우주 존재 자체의 근본적인 신비를 설명해 주지 못한다.

이 신비는 과학으로 설명될 수 없다. 예를 들어, 설령 진화론이 사실이어서 지구상의 생명체가 수백만 년에 걸쳐 조금씩 발전한 것이라 해도 그것이 하나님이 존재하지 않는다는 사실을 증명해 주지는 못한다. 왜일까? 누군가의 말마따나 느린 기적도 빠른 기적과 똑같은 기적이기 때문이다![25]

그래서 (우주의 형성과 구조를 설명하려는) '차가운 암흑 물질 이론'(cold dark matter theory)을 공동 개발한 미국인 천체물리학자 조엘 프리맥(Joel Primack)은 이렇게 말했다. "지난 몇 년 사이 천문학이 정립되어 이제 우주의 기원에 관한 일관된 이야기를 전할 수 있게 되었다. 이 이야기는 하나님과 모순되지 않는다. 오히려 하나님이라는 개념을 더욱 확장한다."[26]

보다시피 무신론자들은 과학이 아무리 대단해도 한계가 있다는 점을 이해하지 못하고 (혹은 알고도 인정하기를 거부하고) 있는 듯하다. "만물이 어디에서 왔는가?" "왜 세상은 무(無)가 아닌 유(有)인가?" "어떻게 물질이 영원할 수 있는가?" "왜 우주는 이토록 질서정연한가?" "어떻게 생명이 없는 곳에서 생명이 발생했는가?" 과학은 이런 질문에 영원히 답할 수 없다.

이런 질문에 대한 답은 과학의 영역 밖에 있다. 이것이 역사상 가장 위대한 과학자들이 무신론자가 아니었던 이유다. 심지어 어떤 종교의 교리도 받아들이지 않았던 아인슈타인도 그가 하나님을 믿지 않는다는 말에는 반발했다.

"나는 무신론자가 아니다!"[27] 아인슈타인은 그렇게 힘주어 말했다. "내 작은 머리로는 이해할 수 없는 우주의 완벽한 질서를 보고도 여전히 하나님이 없다고 말하는 자들이 있다. 정말 화가 나는 건 그들이 나를 그런 관점과 연관 짓는다는 것이다."[28]

아인슈타인은 우주에 자신은 물론이고 그 누구도 이해할 수 없는 부분이 있다는 점을 알았다. 그래서 그는 이런 말을 했다. "인간이 경험할 수 있는 가장 아름답고도 심오한 느낌은 신비로운 느낌이다. 이 느낌이야말로 모든 진정한 과학의 씨앗이다. 이 느낌을 모르는 사람, 더 이상 경이감과 경외감에 젖을 수 없는 사람은 죽은 자나 다름없다."[29]

무신론자들은 신비라는 개념을 무시한다. 그들은 세상이 오직 물질로만 이루어졌다고 믿는다. 그들은 우리의 생각, 꿈, 열정, 사랑, 미움, 희망, 미덕, 죄, 슬픔, 예술, 영생의 갈망 같은 인생의 '모든' 것이 순전히 생화학적 반응과 아원자 입자 운동의 결과라고 믿는다. 나아가, 그들은 우리도 그렇게 되기를 바란다.

이것은 합리적인 사고가 아니라 거의 미신이다! 그런데도 무신론자들은 어리석은 주문을 끊임없이 반복하고 있다. "하나님을 믿는 것은 어처구니없는 짓이다. 하나님은 절대 존재하지 않는다. 보이지도 않는 것을 믿는 것은 어리석은 짓이다. 모든 종교는 과학적 경험적 증거에 반한다. 하나님이라는 것은 인간이 단지 천국에 가고 싶어서 지어낸 개념이다."

이것은 빙산의 일각일 뿐이다. 지금까지 겨우 과학자들에 관한 이야기만 했을 뿐이다. 역사상 가장 위대한 철학자와 수학자, 화가, 조각가, 건축가, 음악가, 소설가, 시인, 장군, 왕, 탐험가, 의사들은 아직 언급조차 하지 않았다. 물론 여기서 이런 분야의 중요한 인물을 모두 나열할 시간과 공간은 없다. 하지만 그들 중 대다수가 하나님을 믿었다는 점만큼은 분명히 말할 수 있다.

다시 말하지만, 이 글의 목적은 믿음의 올스타 목록을 제시해서 하나님의 존재를 증명해 보이는 것이 아니다. 어떤 특정한 종교가 옳다는 점을 증명해 보일 생각도 없다. 심지어 무신론의 그릇됨을 증명해 보이는 것도 목적이 아니다. 이 글을 통해 보이고 싶은 목적은 현대 무신론자들의 지독한 오만을 적나라하게 드러내는 것이다. 이 건방진 자들은 '어린애 같은' 혹은 '현실을 직시하지 못하는' 같은 말로 신자들을 조롱한다. 하지만 과학계의 권위자들뿐 아니라 역사상 가장 뛰어난 지식인들의 대다수가 그리스도인이었다는 사실은 애써 외면하고 있다.

앞서 오만한 말썽꾸러기 아이들의 예를 다시 생각해 보자. 이 아이들에게 옳은 길을 참을성 있게 가르쳐 주면 어떨까? 녀석들의 행동이 왜 무례하고 오만한지를 차근차근 지적해 주면 어떨까? 녀석들에게 예의를 가르치기 위해 모든 방법을 동원하고 논리적으로 설명해 주면 어떨까? 안타깝게도, 그래봐야 별로 소용이 없다. 상식과 논리는 못된 아이들의 지독한 교만에 아무런 효과가 없다. 그렇다면 어떻게 해야 할까?

옛날 어르신들에게 물어보면 지독히 교만한 아이에게는 무조건 매가 약이라고 말할 것이다. 어린아이에게 회초리를 들라고 하면 현대의 사회학자들은 질색을 하겠지만 때로는 매가 가장 좋은 답이 될 수도 있다.

그래서 지금부터 회초리를 들려고 한다. 새로운 무신론자들에게 일종의 지적 매질을 가하려고 한다. 살짝 때리고 마는 것이 아니라 곡소리가 나올 정도로 세게 때릴 참이다. 필시 이들은 화를 내고 언성을 높일 것이다.

하지만 나는 매질을 멈추지 않을 것이다. 단순히 그들이 매를 맞아야 마땅하기 때문이 아니라 매를 '필요로' 하기 때문이다. 매만이 그들이 작은 겸손이라도 배울 수 있는 유일한 길이다.

무신론자들은 과학이 아무리 대단해도
한계가 있다는 점을 이해하지 못한다.

Inside the Atheist Mind

2.

역사 속에서
썩은 과일 찾기만
하고 있다

오만 다음으로 현대 무신론자들의 주된 특징은 바로 무지다. 그냥 무지도 아닌 엄청난 무지이다.

사실, 무신론자들은 그 어떤 집단보다도 심한 무지를 보여 주고 있다. 무지가 그들의 결정적인 특징이라고 해도 좋을 정도다. 그들이 모르는 것처럼 보이는 정보의 '양'을 생각하면 정말로 그렇다. 그런데도 내가 그들의 무지를 두 번째로 다루는 것은 그리스도인을 향한 오만이라는 질적인 측면이 워낙 심각하기 때문이다.

'무지'는 '지식이나 정보의 부재'로 정의된다. 무지는 여러 형태를 띨 수 있지만 최악의 형태는 적은 지식을 가진 무지다. 이런 무지야말로 진짜 문제다. 알렉산더 포프(Alexander Pope)에 따르면 "적은 지식은 위험하다." 정말로 그렇다.

책이나 텔레비전, 대학교에서 들은 얇팍한 지식은 자신이 실제보다 더 전문가라는 착각에 빠지게 만들 수 있다. 지식이 없는데도 지식이 있다는 착각을 불러일으킬 수 있다. 그리고 이런 착각은 사막의 뜨거운 공기 속에서 나타나는 신기루처럼 사람들을 매우 파괴적인 행동으로 이끌 수 있다.

예를 들어, 20세기 초에는 라듐이라는 화학물질에 관한 '적은 지식'밖에 없었다. 방사능의 위험이 아직 알려지지 않은 터라 몇몇 무지한 의사들이 각종 질병의 치료제로 라듐을 사용하기 시작했다.[1] 뿐만 아니라 약과 치약, 얼굴 크림, 심지어 흡입기까지 온갖 제품이 이 위험한 물질을 사용해서 제조되었다.[2] 그 결과, 온갖 새로운 암이 발생했다. 이 모두가 제한된 지식에 의존한 '전문가들' 탓이었다.

사실상 인생의 모든 영역에서 이와 똑같은 역학을 발견할 수 있다. 무예 기술 몇 가지를 수박 겉핥기로 배우고서 자신이 최고의 싸움꾼이라고 착각하는 젊은이가 얼마나 많은가. 그런 무지한 아마추어가 실전 싸움 전문가 혹은 무기를 지닌 사람과 붙게 되면 어떻게 되겠는가.

비즈니스의 세계는 또 어떤가? 겨우 창업에 관한 책 몇 권을 읽고서 스스로 전문 경영인이 된 줄 착각한 채 무모하게 사업에 뛰어들었다가 쫄딱 망하는 사람이 얼마나 많은가.

인터넷에서 몇 번 검색해서 얻은 지식으로 자신이 의사라도 된 것처럼 오진을 남발해서 주변 사람들을 근심 걱정에 빠뜨리는 사람은 또 얼마나 많은가.

학위 몇 개를 탔다고 위대한 지성인이라도 된 것처럼 구는 선생들은 또 어떤가? 아는 체하는 이 폭군들이 우리의 교실을 얼마나 망쳤는가. 그들이 젊은이들의 스펀지 같은 정신에 얼마나 많은 피해를 입혔는가.

이 외에도 적은 지식이 오만으로 이어져 어리석은 결정과 참담한 판단을 낳은 경우가 얼마나 많은가. 이것이 이런 종류의 무지가 그토록 음험한 이유다. 이 무지는 어리석은 동시에 위험하다.

역사에 대한 무지가 딱 착각을 일으킬 만큼의 적은 지식과 섞인 상태가 현대 무신론자에 대한 정확한 묘사다. 오늘날 무신론자들은 하나님에 대한 믿음이 문명에 해만 끼쳤다는 착각에 사로잡혀 있다. 사실, 그들은 종교를 믿는 사람들, 특히 그리스도인들이 역사상 가장 큰 악과 만행을 주도했다고 주장해 왔다. "종교는 그 어떤 요인보다도 많은 전쟁과 살인, 유혈극을 저질렀다." 무신론자들은 이 지긋한 후렴구를 무한반복하면서 종교를 인류를 해충으로 취급해야 한다며 핏대를 세운다.

예를 들어, 엔터테인먼트 산업에서 자주 나오는 발언들을 보라. 딱히 사려 깊다는 평을 받지 못하는 유명 인사들은 종교에 대한 반감을 서슴없이 드러낸다. 예컨대 엘튼 존(Elton John)은 이런 말을 했다. "생각 같아선 종교를 완전히 금지하고 싶다 ⋯ 조직화된 종교는 효과가 없는 듯하다. 오히려 사람들을 증오 가득한 레밍(lemming, 나그네쥐-편집자 주)으로 전락시킨다. 도무지 연민이라곤 없다."[3]

배우 기네스 팰트로(Gwyneth Paltrow)도 맞장구를 쳤다. "종교는 세상 모든 문제의 원인이다 … 사람들을 분열시키는 요인이다. 모든 종교는 산산조각이 나 있다. 종교는 전쟁을 유발한다."[4]

이번에는 코미디언 빌 머레이(Bill Murray)의 말을 들어보자. "종교는 인류 최악의 적이다. 인류 역사상 종교 전쟁만큼 많은 사람을 죽인 전쟁도 없다."[5]

토크쇼 진행자 빌 마허는 이렇게 말했다. "인류가 살려면 종교가 죽어야 한다 … 이 나라는 종교 때문에 계몽되지 못한 나라다."[6]

(모두의 귀감으로 여겨지는) 〈허슬러〉(Hustler)지의 발행인 래리 플린트(Larry Flynt)의 다음 말은 이런 사고방식을 가장 잘 정리해 주고 있다. "종교는 태초 이래로 그 어떤 개념보다도 많은 해를 끼쳤다. 이렇다 할 선한 것이 하나도 없다."[7]

이렇다 할 선한 것이 하나도 없다.
종교는 인류 최악의 적이다.
종교는 금지되어야 한다.

실로 독한 말들이다. 얼핏 확실한 증거를 기반으로 한 말처럼 들리지만 안타깝게도 전혀 그렇지 않다. 이 어리석은 유명 인사들은 어디서 들은 적은 지식으로 말하고 있을 뿐이다. 감히 말하건대, 위에서 인용한 사람들은 우리 문명이 어떻게 생겼는지 혹은 어떤 역사적 요인들이 현대 사회를 진전시켰는지에 관하여 조금도 모른다. 그저 어디서 자신의 생각이나 자신의 '해이한' 도덕성과 부합하는 말을 듣거나 읽고서 그 말을 앵무새처럼 읊고 있을 뿐이다. 이를테면 히친스의 《신은 위대하지 않다》나 도킨스의《만들어진 신》같은 낡은 반기독교 서적에서 자기 마음에 드는 구절을 골라 허튼 주장을 펼치고 있을 뿐이다.

하나님에 관한 왜곡된 정보를 남발하는 이런 책은 독창적이지도 않고 통찰력이 깊지도 않다. 그런데도 마치 진지한 학문적 저작처럼 포장되어 전 세계의 무신론자들에 의해 인용되고 있다. 《만들어진 신》에서 도킨스는 성경의 내용이 사실이라면 하나님은 "복수심에 불타고 피에 굶주린 인종 청소자요, 여성혐오증과 동성애 공포증, 인종주의에 빠져 있고 유아살해, 집단학살, 자식살해를 일삼고 역병을 일으키며 과대망상증과 가학피학증에 빠져 있고 변덕스러우며 악의적인 폭력배다"라고 말한다.[8]

현대의 무신론자들이 성경을 이토록 어설프게 이해하고 있으니 하나님에 대해 혐오 가득한 형용사를 갖다 붙이고 종교를 그토록 암울하게 보는 것도 무리는 아니다. 그들의 역사관은 지독히 왜곡되어 있다.

정리하자면, 무신론자들은 종교, 특히 기독교가 주로 다섯 가지 이유로 인류에 해롭다고 믿는다. 첫째, 그들은 하나님에 대한 믿음에 빠지면 비판적 사고를 할 수 없어 자신의 미신적인 교리에 반하는 새로운 사실을 배울 수 없게 된다고 주장한다. 둘째, 그들은 종교가 예술의 적이라고 말한다. 종교가 책과 음악, 그림, 강연 검열의 주범이라고 주장한다. 셋째, 그들은 종교가 우리를 자신이 아닌 초월적인 존재를 의존하는 무기력한 사람으로 전락시킨다고 말한다. 그래서 종교가 인간 자유를 파괴하여 인간을 노예 상태로 만든다고 한다. 넷째, 그들은 내세에 대한 믿음이 이생에 충실하지 못하게 만든다고 말한다. 다섯째, 그들은 종교가 힘을 추구하고 유혈극을 부추긴다고 주장한다. 그래서 종교가 수많은 죽음의 이유라고 말한다.

자, 이것이 무신론자들의 주장이다. 그런데 과연 이 주장 중 하나라도 사실인가? 종교가 비판적인 사고에 해롭다는 주장부터 시작해보자. 앞서 논했듯이 많은 과학의 천재들이 하나님을 믿은 정도가 아니라 열심 있는 그리스도인이었다. 그런데 무신론자들은 과학과 신앙이 서로 적이라는 믿음과 상반되기 때문에 이 사실을 애써 외면하려 한다. 하지만 만약 무신론자들이 왜 기독교가 위대한 과학자들을 그토록 많이 배출했는가 하는 단순한 질문에 잠시라도 고민한다면 그들도 분명 답을 찾게 될 것이다. 답은 질문만큼이나 단순하다. 답은, 기독교 신앙 자체가 합리적인 진리의 근원이신 합리적인 하나님이 계신다는 개념에 기초하고 있다는 점이다.

기독교는 우주에 목적과 설계가 있다고 가르친다. 그런데 설계를 가진 것이라면 어떤 식으로든 합리적인 행동을 보여야 마땅하다. 예측 가능한 법칙과 원칙을 발생시켜야 한다. 바로 이런 법칙과 원칙의 시스템은 과학 연구의 근간이 된다. 이것이 체계적이고 일관된 활동인 과학이 기독교 문명에서 부흥한 까닭이다. 기독교의 핵심 신념 가운데 하나는 모든 것에는 타당한 이유가 있으며 그 이유를 찾는 것이 인간의 의무라고 말한다. 이것이 모든 합리적 사고의 근간이다.

사실, 기독교가 합리적인 사고의 발전만이 아니라 그 사고의 전파(=교육)에서 감당한 큰 역할을 보지 않고서 역사를 연구하는 것은 불가능하다. 이교도의 세상에서도 교육이 중요했지만 기독교가 세상을 향한 행진을 시작하기 전까지는 교육이 제도화되지 않았다. 고대 그리스와 로마에는 고등교육을 위한 공립학교가 없었다.[9] 나중에 그런 학교를 세운 것은 그리스도인들이었다.[10] 훈족과 고트족, 반달족, 서고트족을 비롯한 '미개' 종족들이 로마제국의 남은 영역을 유린했을 때 황폐화된 유럽 대륙에 배움과 질서, 안정을 가져온 것도 그리스도인들이었다. 소위 암흑시대에 지식을 후대에 전해 주기 위해 고문서들을 힘들여 보존하고 옮겨 쓰고 연구한 것 역시 그리스도인들이었다.[11] 따라서 기독교는 그리스-로마 문화의 부흥 혹은 '부활'을 가져온 주역이었다.

기독교가 비판적인 사고에 정말로 그토록 부정적이라면 왜 플라톤과 아리스토텔레스 같은 이방 철학자들의 저작들을 보존하기 위해 그토록 애를 썼을까? 정말로 그리스도인들이 자신의 신앙에 '반하는' 책들은 무조건 태워 버린다면 그 저작들은 왜 태워 버리지 않았을까?

여기서 끝이 아니다. 수백 년 동안 서구의 지적 문화를 보존하고 첫 대학과 도서관을 세운 것은 수도원들이었다. 수도원들은 유럽 전역에 세워져 대중을 위한 체계적이고도 통합적인 공립교육을 제공했다. 역사상 처음으로 사회 계층과 인종을 막론한 모든 개인이 편견 없이 공동체를 이루게 되었다. 당시로서는 가히 혁명적이었다.

물론 교육 발전에 이바지한 것은 가톨릭교회만이 아니었다. 만인이 성경을 읽을 수 있는 세상을 원한 개신교도들은 모든 소년과 '소녀'를 위한 의무교육이라는 개념을 처음 도입했다.[12] 이 역시 전에는 없던 혁신적인 개념이었다.

기독교가 이렇게 교육을 중시하기 때문에 추후 식민지 시대에 미국에서 처음 세워진 123개 대학 중 한 곳만 빼고 전부 기독교 대학이었던 것도 무리가 아니다. 하버드와 프린스턴, 예일도 전부 기독교 대학으로 세워졌다.

종교가 예술의 적이라는 비판은 또 어떤가? 잭 휴버먼(Jack Huberman)은 *The Quotable Atheist*(인용할 만한 무신론자)라는 책에서 이렇게 말했다. "종교의 권위자들은 항상 … 예술과 문학을 통제하고 검열해 왔다."[13] 롭 보스턴(Rob Boston)도 〈처치 앤 스테이트〉(Church and State)지를 통해 비슷한 말을 했다. "정부에 의한 (예술에 대한) 종교적 검열은 유럽과 미국에서 오랜 역사를 갖고 있다."[14]

이것이야말로 무신론자가 무지의 상태를 유지하기 위해 지독히 애를 써야 하는 부분이다. 생각해 보라. 미술과 음악, 문학까지 '모든' 형태의 예술에 미친 종교의 엄청난 영향력을 모르기가 어디 보통 어려운 일인가? 세상에서 가장 위대한 그림과 조각, 건축물, 음악, 문학 작품들이 종교적 영감에 의해 혹은 종교 기관의 의뢰에 의해 탄생했는데도 어떻게 종교가 세상에 해만 끼쳤다고 말할 수 있는가.

무신론자들은 미켈란젤로(Michelangelo)의 피에타(pieta)나 다비드(David), 시스티나 성당(Sistine Chapel) 천장, 레오나르도 다빈치의 최후의 만찬, 그 외에 렘브란트(Rembrandt), 바흐(Bach), 모차르트(Mozart), 베토벤(Beethoven), 셰익스피어(Shakespeare), 단테(Dante), 도스토예프스키(Dostoevsky), 밀턴(Milton), 디킨스(Dickens)를 비롯한 수많은 예술인들의 종교적인 작품에 관해 한 번도 들어보지 못한 것인가? 고딕양식 대성당이나 바로크양식 바실리카의 안이나 밖을 보고도 종교가 예술의 경지를 얼마나 끌어올릴 수 있는지를 전혀 느끼지 못한 것인가?

여기서 요지는 이 위대한 작품들을 만든 사람들이 그리스도인이었다는 점이 아니다. 요지는 기독교 신앙이 아니었다면 애초에 이토록 위대한 작품 자체를 상상할 수 없었을 것이라는 점이다. 과학적 탐구는 하나님과 그분의 피조세계가 합리적이라는 생각 위에서 이루어졌다. 마찬가지로 종교 예술은 하나님과 그분의 피조세계가 아름다우며 그분의 형상을 따라 지음을 받은 인간도 아름다운 것을 만들 능력과 책임이 있다는 생각을 기초로 한다. 수많은 위대한 예술 작품 이면에 바로 이런 철학이 흐르고 있다. 그런데도 무신론자들은 생각 없이 계속해서 종교가 예술의 적이라는 헛소리를 반복하고 있다. 정말 어처구니가 없다!

또한 그들은 종교가 자유를 파괴한다고 주장한다. 하지만 이번에도 역시 역사를 편견 없이 살펴보면 전혀 다른 풍경이 나타난다. 만인이 '하나님의 형상'을 따라 창조되었다는 성경적 개념은 만인의 인권이란 개념의 기초이다. 이 인권에는 당연히 자유도 포함된다.[15] 기독교 이전에는 인간의 생명이 값싼 것으로 여겨졌다. 유아 살해가 흔한 정도가 아니라 박수갈채를 받았다. 갓난아기들이 언덕에 버려져 굶주려 죽거나 얼어 죽는 일이 매일같이 벌어졌다.[16] 아예 아기들을 물에 빠뜨려 노골적으로 죽이는 일이 수시로 일어났다. 특히, 여아들의 목숨은 파리 목숨이었다.[17]

성인들이라고 상황이 더 좋지도 않았다. 콜로세움이라고 하는 로마의 경기장을 다들 들어본 적이 있을 것이다. 콜로세움에서는 단순히 재미를 위해 일가족을 곤봉으로 때려죽이거나 맹수에게 먹잇감으로 주거나 산채로 불태워 죽이는 일이 벌어졌다.[18] 당시 가장 존경을 받는 위대한 작가와 철학자들도 이런 야만적인 풍습을 조금도 반대하지 않았다. 이 관행을 금지시킨 것이 바로 그리스도인들이었다.

왜일까? 토머스 제퍼슨(Thomas Jefferson)의 선언과 달리 만인이 평등하게 창조되었다는 종교적 믿음이 자명한 진리가 아니었기 때문이다. 기독교 문화 이전에는 평등이 전혀 생소한 개념이었다. 옛날 사람들이 본 세상은 생김새와 정신력, 도덕성, 재산, 권력까지 온통 불평등이 가득한 세상이었다. 그래서 모든 인간이 평등하다는 개념은 뜻밖이고 기가 막힌 소리였다.

인간이 육체적 특징이나 물질적 소유에서는 다를지 모르지만 존엄과 가치에서는 만인이 평등하다는 원칙을 세상에 처음 소개한 것은 유대 전통 위에 세워진 기독교였다. 무엇보다도 기독교는 하나님이 모든 인간을 창조하시고 똑같이 무한히 사랑하시기 때문에 만인이 평등하다고 가르쳤다.[19] 따라서 모든 인간 생명은 동등하고도 무한한 가치를 지닌다.

평등은 이교도나 세속, 무신론자의 개념이 아니라 기독교의 개념이다. 따라서 오늘날 사람들이 만인에게 각자의 의견을 자유롭게 표현하고, 어디든 원하는 곳을 가고, 재산을 마음대로 팔고사고, 원하는 대로 살 권리가 있다고 말하는 것은 곧 기독교에 뿌리를 둔 개념을 표현하는 것이다. 그런 의미에서 디네시 더수자(Dinesh D'Souza)는 *What's So Great About Christianity*(기독교가 그토록 위대한 이유는 무엇인가?)란 책에서 다음과 같이 말했다.

> 기독교는 우리가 도덕적 행위자라는 사실을 강조한다. 하나님은 그분의 형상을 따라 우리를 창조하셨고, 각자 자기 삶의 건축자가 되어 창조라는 하나님의 위대한 행위에 참여할 힘을 주셨다 … 모두가 당연시하는 존 스튜어트 밀(John Stuart Mill)의 자유주의는 기독교에서 직접 파생한 산물이다. 밀이 인간 자유와 평등에 관한 계몽주의 사상의 산물이라고 말하는 것은 옳지 않다. 자유와 평등 개념은 기독교의 산물이다. 계몽주의 사상가들이 기독교 외에 어디서 그런 개념을 얻었다고 생각하는가?[20]

무신론자들은 기독교가 혁명적인 평등사상을 옹호했다는 점을 이해하지 못하고 있다. '모든 것'을 점진적으로 변화시킨 지적 운동의 출발점인 평등사상 이면에는 바로 기독교가 있었다.

일부다처제와 간통을 거부하고 일부일처제와 자녀 사랑을 강조한 것은 기독교였다.[21] 이것이 전통적인 가족의 기초다. 오늘날 세속주의자들이 아무리 가족 제도를 헐뜯어도 문명에 이보다 더 이로운 요인은 없다.

사실상 다른 모든 문화는 여성을 억압했다. 반대로 여성의 지위를 극적으로 격상시킨 것은 기독교였다. 고대 세계는 여성을 짐승처럼 취급했다.[22] 투키디데스(Thucydides)와 폴리비오스(Polybius), 리비우스(Livy) 같은 그리스-로마 역사가들의 저작을 읽어 보면 분명히 알 수 있다. 당시 여성들은 남성의 소유물로, 그 지위가 겨우 노예보다 약간 높았다. 여성에게는 그 어떤 권리도 없었다. 이것이 여성들이 유아만큼이나 자주 죽음에 내몰렸던 이유다. 바로 이것을 기독교가 바꾸어 놓았다.[23] 초대교회에서는 여성들이 리더의 역할을 맡았다.[24] 교회에서는 남편을 잃은 여성들이 경제적인 지위를 받았고 교육도 받았다. 버림을 받지 않고 오히려 보호를 받았다. 기사도라는 중세의 개념이 생긴 것은 무엇보다도 기독교 문명이 여성을 오히려 남성보다 '더 높은' 존재로 여겼기 때문이다. 지난 2백 년 사이에 일어난 여성 인권 운동이 이방 사회가 아닌 기독교 원칙에 뿌리를 두고 있다는 것은 누구도 부인할 수 없는 사실이다.

노예제도도 마찬가지다. 무신론자들은 입만 열면 역사 속의 많은 그리스도인이 노예를 부렸기 때문에 기독교가 위선의 종교라고 주장한다. 하지만 그것은 전혀 사실이 아니다. 노예 제도는 기독교가 나타나기 전에도 수세기 동안 전 세계에서 성행했다. 오히려 기독교가 나타나기 전에는 그 누구도 노예제도를 비판하거나 그에 반대하는 조직적인 운동을 벌이지 않았다.[25] 처음부터 그리스도인들은 같은 그리스도인들을 노예로 부리는 것을 반대했다.[26] 그리고 많은 초대 교인들이 단순히 풀어 주기 위해 노예를 샀다. 인간의 존엄은 기독교 교리의 핵심 중 하나이기 때문에 다른 인간을 '소유하는' 것이 기독교 신앙에 반한다는 사실을 그리스도인들이 깨닫기 시작하는 데는 그리 오랜 시간이 걸리지 않았다. 중세 시대가 오자 그리스-로마, 이집트 문명의 기반이었던 노예 제도가 대부분 농노 제도로 대체되었다. 농노 제도는 모든 일꾼이 결혼하고 재산을 소유할 권리와 같은 기본적인 인권은 보장해 주었다.

나중에 역사상 최초의 노예 제도 반대 운동을 시작한 것도 그리스도인들이었다. 민주당이나 공화당이 그것을 한 것이 아니었다. 여타 정당이나 연합, 사회 단체들이 한 일이 아니었다. 물론 무신론자들이 한 것은 더더욱 아니었다. 바로, 교회가 했다. 유럽에서 노예 제도가 사라진 이유는 무엇보다도 영국의 유명한 복음주의 자선가 윌리엄 윌버포스(William Wilberforce) 같은 그리스도인 운동가들의 노력 덕분이다.[27] 주로 종교 단체들이 벌인 영국의 노예제도 반대 운동은 결국 전 세계적인 운동으로 번졌다. 그런가 하면 1800년대 초 미국 노예 제도 폐지 협회(American abolition society)의 구성원 중 3분의 2가 목사였다.[28] 이 외에도 사회 개혁의 '모든' 영역에서 기독교의 긍정적인 영향을 확인할 수 있다.

경제적 자유를 예로 들어보자. 노예들의 희생 위에 세워진 고대 세상에는 사실상 노동의 가치라는 개념이 없었다. 하지만 인간 평등과 존엄을 강조하는 기독교는 일터에 대혁명을 일으켰다.[29] 개인 재산, 개인 권리, 노동자의 권리, 노동조합 같은 개념이 모두 일과 사회 정의에 관한 유대 기독교의 시각에서 비롯되었다.

이번에는 정치의 세계를 살펴보자. 앞서 말했듯이 만인이 평등하게 창조되었다는 개념은 성경에 뿌리를 두고 있다. 그런데 제한된 정부의 개념 자체도 유대 기독교 전통에서 비롯했다. 생명, 자유, 행복 추구의 권리처럼 하나님이 정해 주신 양도할 수 없는 권리가 있어서 왕의 그 어떤 명령보다도 우선한다는 개념은 기독교에서 발생했다. 미국 헌법에 서명한 55명 건국자들 중 최소한 50명이 독실한 기독교인이었던 것은 너무도 당연한 결과다.[30]

기독교가 사람들을 천국에 보내는 데만 바빠 이 세상을 돌보지 않는다는 주장은 또 어떤가? 아마도 이것이 무신론자들의 가장 어처구니없는 주장이 아닌가 싶다. 기독교 이전에는 가난한 자와 병자, 정신 장애인, 신체 장애인, 노인, 죽어가는 자들에 대한 사회의 관심이 없었다. 하지만 기독교가 인간 존엄을 가르친 덕분에 이런 사회적 무관심이 사라졌다.

369년 카이사레아의 성 바실리오(Saint Basil of Caesarea)는 3백 개의 침대를 갖춘 병원을 설립했다. 이것이 최초의 대규모 병원이었다.[31] 그 뒤로 기독교 병원과 호스피스 시설이 유럽 대륙 전역에서 생겨나기 시작했다. 이것들이 문명 최초의 자선 단체들이었으며, 교회의 자금으로 건축되었다.

오늘날에도 기독교는 의료 분야 전체에 선한 영향력을 발휘하고 있다. 인터넷에서 기독교 자선 단체가 얼마나 많은지 검색해 보라. 해외 선교 단체, 세계 기아와 싸우는 단체, 빈민가 무료 급식 센터, 장애인 지원 단체들까지 가히 셀 수 없을 정도다. 적십자와 구세군을 생각해 보라. 마더 테레사(Mother Teresa)의 사랑의 선교 수녀회(Missionaries of Charity)가 좋은 예이다. 죽어가는 병자들을 돌보기 위해 설립된 수많은 수녀회들이 존재한다. 수세기 동안 버려진 아이들을 수없이 거두어 먹이고 입힌 기독보육원들이 실제한다. 지금도 전 세계에서 운영되고 있는 수많은 기독 병원들을 생각해 보라. 그리스도의 이름으로 설립된 자선 단체들의 숫자는 가히 끝이 없다. 이 모든 단체들이 왜 존재하는가?

무신론자들의 근거 없는 주장과 달리 기독교 복음은 단순히 사람들을 천국에 보내기 위한 것에만 집중하지 않는다. 이 세상의 질을 개선하는 것 또한 기독교 복음의 핵심이다.

이 설명이 논리적이지 않은가? 인간이 정말로 하나님의 형상에 따라 지음을 받아 무한한 가치를 지녔다면 모든 사람들, 특히 불쌍한 사람들을 사랑하고 돌봐 주는 것이 그리스도인의 당연한 의무다.

그런데도 무신론자들은 그리스도인들이 그리스도의 재림만을 기다리며 아무것도 하지 않고 지내고 있다고 주장한다. 그런 주장을 펼치는 것은 결코 쉬운 일이 아니다. 수많은 증거에 대해 계속해서 눈을 꼭 감은 채로 있으려면 보통 큰 노력이 필요하지 않다. 그들이라고 역사를 아예 모르지는 않을진대 기독교가 문명에 선사한 이 모든 사회적, 지적, 과학적, 문화적, 정치적, 교육적, 제도적, 예술적 선물을 어찌 전혀 모를 수 있단 말인가. 그리스도는 열매를 보아 나무를 알 수 있다고 말씀하셨다. 기독교가 그렇게 악하다면 이토록 유익한 열매를 이토록 풍성하게 맺을 수 있었겠는가.

오해하지는 마라. 기독교가 완벽하다고 주장하는 것이 아니다. 기독교에 위선이 전혀 없다고 말할 생각은 없다. 기독교도 역시 위선에서 완전히 자유롭지 못하다. 하지만 손익, 특히 종교처럼 거대한 무엇인가의 손익을 따지려면 개인적인 악과 전반적인 악의 패턴을 구분해야만 한다. 큰 그림을 보아야 한다.

그런 의미에서 '적은' 지식에서 비롯한 무지에 관한 이야기로 돌아가 보자. 무신론자들은 역사 속에서 '썩은 과일'을 찾기를 좋아한다. 단지 몇 개를 찾으면 전체 역사를 제대로 이해하지 못하고 성급한 판단을 내린다. 단세포적인 머리로 성경을 읽은 그리스도인들의 사례를 찾아 종교가 과학의 적이라고 섣불리 결론을 내린다. 특정한 책들을 신성모독으로 금지한 그리스도인들의 사례만 보고서 종교가 교육의 적이라고 속단한다. 멀쩡한 그림들을 외설적이라 매도한 그리스도인들의 사례만 보고서 종교가 예술의 적이라고 말한다. 노예를 소유했던 그리스도인들의 사례만 보고서 종교가 자유의 적이라는 결론을 내린다. 천국의 행복에 관한 글을 쓴 그리스도인들을 보고서 종교가 이 땅에서의 행복을 방해하는 적이라고 주장한다.

한마디로, 무신론자들은 거대한 역사의 화포(canvas)에서 검은 점들을 열심히 찾고서 겨우 몇 개를 발견하면 화포 자체가 검다고 말하는 자들이다. 사실상 전체적으로 새하얀데 말이다.

그리고 보면 그들이 단순히 무지한 자들이 아닌가 하는 생각이 든다. 혹시 다른 무엇이 또 있는 것은 아닐까? 사실 우리는 무신론자들의 다섯 번째 비판을 아직 다루지 않았다. 아직 우리는 종교의 이름으로 흘렸다는 수많은 피에 관한 이야기를 하지 않았다. 악명 높은 십자군 전쟁이나 무시무시한 종교 재판소에 관한 이야기는 아직 시작도 하지 않았다. 자, 이제 이 악명 높은 사건들을 살펴보자. 아울러 '무신론자들'이 수세기 동안 흘리게 만든 엄청난 피에 관해서도 간단히 조사해 보자.

우리가 발견한 사실을 보면 깜짝 놀랄 것이다. 아마 무신론자들이 망각의 늪에서 왜 그토록 나오지 않으려고 하는지를 조금은 알게 될 것이다.

기독교는 우주에 목적과 설계가 있다고 가르친다.
이러한 법칙과 원칙이 과학 연구의 근간이 된다.

Inside the Atheist Mind

3.

무신론자들의 기만

인간의 사고를
마비시키는
큰 거짓말

'큰 거짓말'(Big Lie)이라는 말을 들어본 적이 있는가?

이것은 아돌프 히틀러가 1925년에 발표한 《나의 투쟁》(*Mein Kampf*)에서 처음 사용한 표현이다. 이는 그가 처음에는 나치당의 집권을 위해, 나중에는 10년 넘게 독일 국민들을 통제하기 위해 사용해서 큰 효과를 보았던 선전 기법을 지칭한다. 작은 거짓말은 쉽게 드러나고 반박과 거부를 당하지만 크고 뻔뻔한 거짓말은 적절하게 제시하면 오히려 더 믿을 만하게 보일 때가 많다는 사실에서 착안한 기법이다. 그것은 착한 사람들은 빤히 보이는 황당한 거짓말을 '시도할' 사람조차 없을 것이라고 생각하기 때문이다. 따라서 거짓말을 충분한 확신을 갖고 충분히 반복하면 듣는 사람들은 자신의 판단력을 의심하기 시작하고, 급기야 고개를 갸웃거리면서도 믿고 만다.

실로 악한 기법이다. 이 기법에 관해서는 히틀러의 설명을 들어보는 편이 좋을 듯하다.

> 큰 거짓말에는 언제나 신뢰를 일으키는 힘이 있다. 한 국가의 대중은 의식적으로나 자발적으로보다는 언제나 깊은 감정을 통해서 더 쉽게 부패되기 때문이다. 원시적일 만큼 단순한 그들의 정신은 작은 거짓말보다 큰 거짓말에 넘어가기가 쉽다. 작은 문제에서 작은 거짓말은 자신들도 하지만 큰 규모의 거짓말을 할 생각은 하지 못하기 때문이다. 그들은 엄청난 거짓말을 지어낼 생각 자체를 하지 못한다. 그리고 남들도 진실을 그렇게 심하게 왜곡할 만큼 뻔뻔하지는 않을 것이라고 생각한다. 심지어 진실이 분명히 드러난 뒤에도 그들은 여전히 그 진실을 의심하며 무엇인가 다른 설명이 있을 것이라고 생각한다. 지독히 뻔뻔한 거짓말은 언제나 (신뢰의) 흔적을 남긴다 … 이는 이 세상의 모든 전문 거짓말쟁이와 거짓말의 기술을 사용하는 모든 집단이 아는 사실이다. 이들은 지독히 비열한 목적을 위해 거짓을 사용하는 법을 너무도 잘 알고 있다.

이 거짓의 기법은 히틀러가 처음 생각해 낸 것이다. 그리고 나치의 선전장관 요제프 괴벨스(Joseph Goebbels)는 이 기법을 다듬어서 대규모로 사용했다. 그가 쓴 유명한 글을 보자.

> 충분히 큰 거짓말을 계속해서 반복하면 결국 사람들이 믿는다. 그 거짓말은 국민들이 그 거짓말의 정치적 경제적 군사적 결과를 보지 못하도록 국가가 막을 수 있을 때까지만 유지된다. 따라서 국가가 반대의 목소리를 억누르기 위해 모든 힘을 사용하는 것이 매우 중요하다. 진실은 거짓말의 최대 적이기 때문이다. 따라서 진실은 국가의 최대 적이다.[1]

요컨대, '큰 거짓말'의 주범들에 따르면 이 선전 도구는 다음과 같은 세 가지 조건이 성립할 때 가장 큰 효과를 발휘한다.

1. 정말 큰 거짓말
2. 그런 거짓말을 끊임없이 반복
3. 공포 분위기 조성을 통한 진실 억누르기

물론, 나치가 이 기법을 가장 효과적으로 적용한 것은 1930년대 유대인들에 대해서다. 괴벨스는 라디오, 영화, 옥외 광고판, 고속 인서기, 잡지, 신문까지 당시 가능한 모든 매체를 동원하여 유대인이 하등인간이요 악의 화신으로 독일 경제 위기의 주범이라는 거짓말을 퍼뜨렸다.

물론 이것은 터무니없는 거짓말이었다. 하지만 나치 선전 기계는 이 황당한 거짓말을 퍼뜨리기 위해 대중매체와 함께 모든 것을 동원했다. 그들은 유대인들이 온갖 악으로 사회를 오염시키고 있기 때문에 인류를 구원할 유일한 길은 유대인들의 영향력을 제거하는 것이라고 독일 국민들에게 세뇌시켰다.

우리는 유대인이란 문제의 마지막 해법이 어떤 결과를 낳았는지 잘 알고 있다. 그 결과는 바로 홀로코스트를 통한 유대인 말살이다. 1945년 연합국 군대가 나치 군대를 궤멸시키고 강제수용소들의 사진이 독일 대중에게 공개된 뒤에야 비로소 큰 거짓말의 실체가 만천하에 드러났다.

그런데 제2차 세계대전이 선한 편의 승리로 끝나 나치가 사라진 뒤에도 큰 거짓말 기법은 사라지지 않았다. 20세기에도 그 기법이 여러 번 사용되었고 무시무시한 결과를 낳았다. 그리고 안타깝게도 지금도 여전히 효과적으로 사용되고 있다. 누가 사용하고 있는가? 그렇다. 바로 새로운 무신론자들이다. 그렇다면 새로운 무신론자들이 큰 거짓말 기법을 어떻게 사용하고 있을까?

앞서 우리는 종교가 역사상 그 어떤 요인보다도 많은 죽음과 피, 전쟁을 낳았다는 무신론자들의 지긋한 후렴구를 살펴보았다. 사방에서 무신론자들이 그런 후렴구를 외치고 엔터테인먼트 산업과 미디어, 학계에 포진한 그들의 추종자들도 앵무새처럼 그것을 따라 부르고 있다. 그로 인해 우리 아이들은 십자군과 종교 재판을 비롯해서 하나님의 이름으로 자행되었다고 하는 반인류범죄에 관해 어릴 적부터 배우고 있다.

잠시 뒤에 이 악명 높은 사건들에 관해 살펴보겠지만 무엇보다도 한 가지만큼은 분명히 짚고 넘어가야 한다. 이 사건들에 관한 무신론자들의 주장은 거짓말이다. 큰 거짓말이다. 크고 뻔뻔한 거짓말이다.

대부분의 전쟁은 종교 때문에 일어나지 않았다. 대부분의 학살이 일어난 이유는 종교 때문이 아니다. 대부분의 유혈극은 종교 때문에 일어나지 않았다. 종교가 이런 참극의 원인이라는 주장은 역사에 대한 지독한 무지를 보여 줄 뿐이다.

전쟁과 유혈극의 첫 번째 원인은 예나 지금이나 '경제적 이익'이다. 한 나라나 도시, 마을이 다른 나라나 도시, 마을의 부를 빼앗고 싶을 때는 무력을 동원하기 마련이다. 그렇게 무력 충돌이 발생하면 사람들이 죽게 된다. 고대 시대에 경제적 이익은 금이나 은, 보석, 땅, 도구, 가축, 노예 등이었다. 현대의 경제적 이익은 오일이나 기술, 기계, 자원 등의 형태를 띤다. 하지만 이 모두는 한 가지로 귀결된다. 바로, 돈이다.

경제 다음으로 전쟁과 유혈극의 가장 흔한 원인은 '영토적 이익'이다. 물론 이것도 대개 경제와 하나로 연결되어 있다. 한 나라나 도시, 마을이 더 많은 땅이 필요하다고 판단하면 유혈 충돌이 시작된다. 더 많은 땅이 필요해지는 이유에는 (농사나 오일 같은) 경제적 이유, (나치가 이웃 국가들을 침공한 경우와 같은) 더 많은 거주지의 필요성, (중동이나 우크라이나의 경우와 같은) 적국들에 대한 완충지대의 필요성이 있다.

경제적 이익과 영토적 이익, 이것이 역사 속 무력 충돌들의 주된 이유다. 사실, 다른 이유는 거의 없다. 그리고 이 둘은 본질상 종교적이 아니라 '세속적'이다. 이 외에 주된 형태의 전쟁은 내전이나 혁명전쟁이다. 나라를 어떻게 다스려야 할지에 관한 의견 차이가 내부에서 극심하게 일어나면 전쟁과 살육이 이어질 수 있다. 그런가 하면 국민의 일부가 지도자를 바꾸거나 자결권을 얻기 위해 반란을 일으킬 수 있다.

내전과 혁명전쟁은 유혈극의 상당 부분을 차지하며, 거의 대부분이 정치 권력을 얻는 것과 관련이 있다. 종교나 신앙, 신과 결부되는 경우는 극소수다. 사실, 이념적 목적을 표방한 전쟁조차도 '이면의' 원인은 대개 내분이나 혁명, 경제, 영토다.

예를 들어, 프랑스와 영국은 수세기 동안 숱한 전쟁을 벌였다. 하지만 영국인들은 개신교도이고 프랑스인들은 가톨릭교도들인 것이 원인이라고 생각하는 사람은 아무도 없다. 마찬가지로, 미국독립혁명 당시 '양도할 수 없는 권리들'이라는 고귀한 명분을 내걸었지만 미국인들이 대영제국에 반기를 든 것이 정치적 경제적 자유를 얻기 위해서였다는 사실을 모르는 사람은 아무도 없다. 심지어 오늘날 이스라엘과 팔레스타인의 갈등도 정확히 종교 때문이라고 말하기 어렵다. 물론 둘 다 하나님이 자신들에게 해당 영토를 주셨다고 주장한다. 하지만 둘 사이의 갈등은 결국 자결권과 영토 차지를 위한 갈등일 뿐이다. 역사나 지정학을 조금이라도 아는 사람이라면 둘 사이의 갈등은 사실상 종교적 갈등이 아니라 민족적 갈등이라는 사실을 알 것이다.

결국, 종교가 대부분의 전쟁을 유발했다는 주장은 터무니없다. 역사를 조금만 살펴봐도 전혀 그렇지 않다는 사실을 알 수 있다. BC8000년과 AD2000년 사이에 벌어진 1,763번의 전쟁을 정리한 필립스(Phillips)와 액설로드(Axelrod)의 세 권짜리 책 *Encyclopedia of Wars*(전쟁 백과사전)에 따르면, 그중 겨우 123번의 전쟁만 종교 전쟁으로 분류될 수 있다.[2] 비율로 따지면 겨우 6.98퍼센트다. 여기서 이슬람 전쟁을 빼면 수치는 다시 3.23퍼센트까지 낮아진다.

이렇게 기독교로 인한 전쟁이 전체 전쟁의 4퍼센트도 채 되지 않는데 어찌 무신론자들은 기독교가 그토록 많은 피를 흘리게 만들었다고 주장하며 히스테리를 부리는가? 96퍼센트는 다른 요인으로 유발된 전쟁이다.

게다가 우리는 '사상자'의 숫자는 아직 따지지도 않았다. 베트남 전쟁에서 제2차 세계대전과 국공내전, 멕시코 혁명, 나폴레옹 전쟁, 몽고 정복 전쟁까지 역사상 모든 유혈 충돌을 보면 대다수의 사상자가 종교가 아닌 '정부'의 희생자였다는 사실을 확인할 수 있다. 럼멜(Rummel)은 지난 1백 년 사이에만 다음과 같은 상황이 벌어졌다고 말한다.

거의 1억 7천만 명의 남녀노소가 총이나 구타, 고문, 칼, 불, 굶주림, 추위, 진압, 노동으로 인해 목숨을 잃었다. 정부들은 산 채로 묻고 물에 빠뜨리고 목을 매달고 폭탄을 투하하는 것을 비롯한 수만 가지 방법으로 무고한 비무장 민간인과 외국인들을 죽였다. 사망자 숫자는 거의 3억 6천만 명에 이를 수도 있다. 마치 인류가 현

대의 대역병에 황폐화된 것과도 같다. 실제로, 대역병이 맞다. 다만, 세균이 아닌 권력의 역병이다.[3]

사망자 숫자로 순서를 매길 때 역사상 가장 피비린내 나는 열 개의 전쟁 중 세 개가 20세기에 일어났다. 제1차 세계대전과 제2차 세계대전, 중일전쟁이 그것이다. 이 중에서 1939년에서 1945년에 벌어진 제2차 세계대전 당시의 사망자 숫자가 7천만 명으로, 다른 모든 전쟁의 사망자 숫자를 훌쩍 뛰어넘는다. 제2차 세계대전이 종교와 아무런 상관이 없다는 사실을 무신론자들에게 굳이 말해 주어야 할까?

방금 살펴본 수치들은 전쟁의 여러 이유 중 경제나 정치 같은 세속적인 이유가 종교적인 이유를 훨씬 앞지른다는 사실을 분명히 보여 준다. 하지만 여기서 끝이 아니다. '무신론자' 리더들이 권좌에 있을 때 무슨 일이 벌어졌는지를 보면 더 흥미로운 사실이 눈에 들어온다. 무신론 체제 아래서 벌어진 전쟁과 대학살을 '종교' 전쟁과 비교해 보면 어떤 그림이 나타날까?

여기서 우리는 무신론자들이 늘 역사를 외면하는 이유를 발견할 수 있다. 전쟁과 종교에 관한 '큰 거짓말'의 주된 이유 중 하나임을 확인할 수 있다. 진실을 말하자면, 전쟁과 대학살로 인한 사망자의 대다수는 무신론자 리더들이 죽인 사람들이다. 최근 악명 높은 무신론자 독재자 몇 명에 대해서만 살펴보자.

이오시프 스탈린(Joseph Stalin)(소련) : 42,672,000명을 죽였다.

마오쩌둥(중국) : 37,828,000명을 죽였다.

아돌프 히틀러(독일) : 20,946,000명을 죽였다.

칭기즈칸(중국) : 10,214,000명을 죽였다.

블라디미르 레닌(Vladimir Lenin)(소련) : 4,017,000명을 죽였다.

도조 히데키(일본) : 3,990,000명을 죽였다.

폴 포트(Pol Pot)(캄보디아) : 2,397,000명을 죽였다.[4]

스테판 쿠르투아(Stéphane Courtois)의 책 *The Black Book of Communism*(공산주의 흑서)를 보면 무신론 공산 정부들은 20세기에만 1억 명 이상을 죽였다.[5] 과거 무신론자였던 시어도어 빌(Theodore Beale)도 비슷한 진단을 내놓았다. "세계 역사 속에서 공언한 무신론자들이 다스린 것으로 확인된 국가는 28개였다 ⋯ 그중 절반 이상은 스탈린과 마오쩌둥이 저지른 것 같은 대량학살을 저질렀다 ⋯ 1917년에서 2007년까지 90년간 무신론자 52명의 피비린내 나는 손에 사라진 목숨이 약 1억 4천 5백만 명이다."[6]

그중 두 명의 독재자만 좀 더 자세히 살펴보자. 1927년 소련의 권좌에 올라 1953년 사망할 때까지 공산당 서기장 자리를 지켰던 스탈린은 역대 살인자 목록에서 앞 순위를 다툰다. 물론 스탈린은 공언한 무신론자였다. 독재자로서 그는 교육 시스템과 반종교적 선전, 반종교적 법, '호전적 무신론자 연맹'(League of Militant Atheists)의 창설을 통해 무신론을 조장했다. 무엇보다도 25년간 그리스도인들을 야만적 방법으로 지속적으로 핍박했다.

스탈린의 무신론 체제 아래서 로마 가톨릭교회, 동방 가톨릭교회, 이슬람, 유대교를 비롯한 소련의 모든 종교가 폭력적인 억압을 받았다. 수사들이 죽임을 당하고 수녀들이 강간을 당했으며 수많은 교회와 회당, 모스크, 수도원, 신전이 더럽혀지고 재로 변했다.[7]

스탈린의 핍박은 그리스도인에게만 국한되지 않았다. 그는 자신의 권력에 위협이 된다고 판단되면 상대를 가리지 않고 모조리 죽였다. 독재자의 자리에 있는 동안 대규모 처형과 숙청, 추방, 강제노동 수용소까지 역사상 유례를 찾아볼 수 없는 공포 정치를 펼쳤다.[8] 또한 독립을 요구하는 사람들의 씨를 말릴 목적으로 우크라이나에 인위적으로 기근을 일으켰다. 그로 인해 한때 '유럽의 곡창지대'로 통했던 그 지역에서 거의 7백만 명에 달하는 농민이 목숨을 잃었다.[9] 스탈린의 독재 아래서 죽은 총 사망자 숫자는 헤아리기 어렵지만 대부분의 역사학자들은 4천만 명에서 6천만 명으로 생각하고 있다.[10]

이번에는 히틀러를 살펴보자. 히틀러가 그리스도인이었다는 엉터리 주장을 펼치는 무신론자들이 가끔 있지만 그것은 또 다른 거짓말일 뿐이다. 앞서 살폈듯이 히틀러는 '큰 거짓말'의 창안자요 거짓 선전의 대가였다. 처음 권력의 중심부로 들어갈 때 그는 자신의 목적에 도움이 된다면 상대를 가리지 않고 비위를 맞추었다. 그런 목적으로 그는 기독교에도 호의적인 모습을 보였다. 즉 권력을 잡기 위해 종교를 이용했던 것이다. 그 다음에는 정치적 목적으로 종교를 부패시켰고, 마침내 제3제국(Third Reich)이 건설된 뒤에는 종교를 제거했다. 독일 수상에 오르자 그는 가톨릭 사제와 주교, 개신교 리더를 가리지 않

고 수많은 종교인을 투옥시키고 죽이면서 잔인한 방법으로 교회를 핍박하기 시작했다.[11]

아직도 히틀러가 그리스도인이었다고 주장하는 사람이 있다면 더도 말고 그가 사적인 자리에서 한 말 몇 마디를 보면 단번에 생각이 바뀔 것이다. 파라 스트라우스 앤 영(Farra, Straus and Young)에서 출간한 책에 다음과 같은 히틀러의 인용문들이 소개되어 있다.

- "인류를 강타한 가장 심각한 재난은 기독교의 등장이다. 볼셰비즘(Bolshevism)은 기독교의 사생아다. 둘 다 유대인들의 창조물이다."[12]
- "나치즘(National Socialism)과 종교는 공존할 수 없다."[13]
- "옛 세상이 그토록 순수하고 밝고 평온했던 이유는 천연두와 기독교라는 두 가지 지독한 골칫거리가 없었기 때문이다."[14]
- "기독교는 병든 뇌들의 발명품이다."[15]
- "우리 시대에는 기독교라는 질병이 반드시 사라질 것이다."[16]

뉘른베르크 문서들이 분명히 보여 주듯이 히틀러는 같은 동포인 프리드리히 니체의 무신론을 그대로 받아들였다. 히틀러의 독일 지배 민족(master race)이라는 개념은 니체의 초인간(Übermensch) 사상이 사회 정치에 관한 다윈주의와 결합된 결과물이었다. 쉽게 말해, 그는 독일의 유전자를 정화하기 위해 '열등한' 종족과 혈통을 제거하는 '선택적인 번식'(selective breeding)을 통해 인류를 유전적으로 개선할 수 있다고 믿었다. 이런 망상은 결국 약 6백만 명의 유태인과 열등하다고 판단되는 4백만 명의 다른 종교인들에 대한 대학살로 이어졌다. 여기에 제 2차 세계대전으로 스러진 수많은 목숨을 더하면 이 한 명의 무신론자 괴물이 보인 광기의 직접적인 결과로 죽임을 당한 사람의 수는 약 2천만 명을 넘는다.

역사적 증거는 분명하다. 수많은 잔학 행위 중에서 무신론이 앗아간 목숨의 숫자는 짝을 찾아볼 수 없다. 이것은 추측이나 편향된 의견이 아니다. 이것은 부인할 수 없는 사실이다.

이쯤에서 무신론자들은 "하지만 십자군 전쟁은? 종교 재판소는?"이라고 외칠 게 뻔하다. 무신론자들은 8백 년 동안 십자군 전쟁과 종교 재판소를 트집잡아왔다. 잠시 이 두 사건에 관한 이야기를 해 보자.

십자군 전쟁은 1095년에서 1272년 사이에 잇따라 벌어진 9번의 전쟁이다. 이 전쟁은 몇 백 년 전에 이슬람교도들에게 빼앗긴 성지 탈환이 목적이었다. 이슬람 군대는 예루살렘을 약탈할 당시 3백 개의 교회와 수도원을 파괴하고 그리스도인들을 무자비하게 핍박했다.[17] 그 뒤로 몇 십 년 동안 유럽과 북아프리카의 다른 국가들도 이슬람의 공격을 받았다. 마침내 교황 우르바노 2세(Urban II)는 그리스도인들의 군사적 행동을 촉구했다. 기본적으로 십자군 전쟁은 그리스도인들이 빼앗겼다고 생각한 것을 되찾기 위한 전쟁이었다.[18] 결국 이 전쟁은 호전적인 이슬람교의 공격에서 비롯한 '방어전'이었다.

역사 속에는 방어전이 많았다. 2000년 초 미국이 테러와의 '전쟁'

을 선포한 것도 정당한 이유 없는 세계무역센터 공격에 대한 대응이었다. 그 목적은 이슬람 영토를 차지하는 것이 아니라 단순히 미국의 국민과 재산을 보호하기 위함이었다. 미국의 정책과 동기가 마음에 들지 않더라도 '테러와의 전쟁'을 단순히 가난하고 무고한 외국인들에 대한 공격 행위로 규정해서는 곤란하다. 상식적인 사람이라면 훨씬 복잡한 측면이 있음을 인정할 수밖에 없다.

십자군 전쟁도 마찬가지다. 무신론자들과 반기독교적인 역사학자들은 이 전쟁을 순전한 악으로 매도하길 좋아한다. 하지만 진실은 훨씬 더 복잡하다. 십자군은 폭력적인 이슬람 침공자들을 방어하기 위해 전쟁을 시작했다고 주장했다. 그들은 전쟁의 정당성을 주장했다. 물론 어떤 역사적 사건이든 세부적인 내용을 완벽히 알 수는 없다. 하지만 오늘날에도 기승을 부리는 이슬람교의 공격성을 볼 때 십자군의 주장은 충분히 일리가 있어 보인다.

스페인 종교 재판도 무신론자들이 묘사하는 것보다 훨씬 더 복잡하다. 르네상스 시대의 두 가톨릭교도 군주인 페르디난트 2세(Ferdinand II)와 이사벨라 1세(Isabella I)는 '콘베르소'(conversos)라는 집단을 색출해서 벌하기 위해 종교 재판소를 설치했다. 콘베르소는 정치적 사회적 이익을 위해 그리스도인 행세를 하지만 남몰래 자신의 진짜 종교를 행하는 유대교도와 이슬람교도를 의미했다.

종교 재판으로 무고한 사람들이 처형을 당한 것은 분명한 사실이지만 몇 가지 사실을 감안해야 한다. 첫째, 종교 재판은 1478년에 시작되었다. 즉, 5백 년도 더 지난 과거의 일이기 때문에 제대로 된 기록이 남아 있지 않다. 둘째, 종교 재판소는 말처럼 종교 기관이 아니라 국가 기관으로 설립되었다. 셋째, 그 잔혹성은 가톨릭교를 매도하려는 반종교주의자들에 의해 심하게 부풀려진 측면이 있다.

The Spanish Inquisition : A Historical Revision(스페인 종교 재판)의 저자 헨리 카멘(Henry Kamen)에 따르면, 교회가 자행한 홀로코스트라는 종교 재판에 관한 흔한 관념은 전혀 사실이 아니다. 종교 재판 하면 흔히 떠올리는 고문을 즐기는 악귀 같은 성직자의 이미지는 주로 교황의 평판에 흠집을 내려는 19세기 기독교 근본주의자 저자들에게서 비롯한 것이다.[19]

스페인 종교 재판으로 유죄 판결을 받은 사람의 실제 숫자는 1백 명에서 15만 명 사이다. 실제로 사형을 선고받은 사람의 숫자는 약 3천 명에 불과하다.[20] 이 중에서 교회가 처형한 사람은 단 한 명도 없었다. 모두 국가가 처형한 것이다. 게다가 이 처형은 350년에 걸쳐서 일어났다. 일부 역사학자들은 추가적으로 10만 명이 감옥에서 영양실조나 질병으로 죽었다고 주장하지만 증거는 없다. 같은 기간에 역병은 유럽 인구의 3분의 1을 휩쓸어갔다. 따라서 종교 재판 자체로 인해 죽은 사람의 숫자를 정확히 측정할 길이 없다. 즉, 거짓 통계가 넘쳐난다.

십자군 전쟁 기간의 사망자 숫자도 마찬가지다. 사망자 숫자에 관한 기록은 존재하지 않는다. 일반적으로 '추측하는' 사망자 숫자는 아홉 번의 전쟁에서 약 1백만 명에 이르지만 그 수치는 무려 177년에 걸쳐서 쌓인 것이다.[21]

물론 이런 수치는 분명 비극이다. 하지만 우리가 앞서 살핀 무신론 정권 아래서 발생한 사망자 숫자에 비할 바가 못 된다. 20세기의 무신론자 독재자들이 무려 1억 명 이상의 무고한 사람들을 학살했다는 사실을 간과해서는 안 된다! 그런데도 무신론자들은 잘 문서화된 이런 최근의 참극들에는 눈을 감고, 자세한 기록도 없는 먼 과거의 사건들만 물고 늘어지고 있다.

그들이 '큰 거짓말'에 의존하는 것도 무리는 아니다. 진실은 그들의 편이 아니기 때문이다. 하지만 더 깊고도 심각한 질문은 따로 있다. 왜 무신론자들은 역사 속의 수많은 학살극을 저지른 것일까? 왜 무신론 정권만 들어서면 생명이 값없게 전락하는 것일까? 무신론자들은 자신들의 철학이 가공의 하나님이 아닌 인간 중심이기 때문에 더 인간적이라고 주장한다. 그렇다면 이것이 도대체 어찌된 일인가? 그 주장이 사실이라면 왜 무신론자 독재자들은 그토록 수많은 인명을 해쳤을까?

답은 무신론자들이 듣기 싫어하는 사실에 있다. 그들이 인정하지 않으려고 하는 사실말이다. 하지만 삼척동자도 이해할 수 있는 단순한 사실이었다.

답은, 하나님이 없다면 인간 행동에 대한 영원하고도 최종적인 심판도 없다. 하나님이 없다면 궁극적인 권위도, 심판의 날도, 도덕적인 책임도 없다. 무신론 정부가 역사상 그 어떤 종교보다도 많은 인명을 해친 것은, 살인이 죄라고 말하는 하나님을 믿지 않기 때문이다. 그들은 살인하지 말라는 '계명'을 믿지 않는다. 그들은 그 어떤 악한 행동에 관한 계명도 믿지 않는다.

물론 무신론자들도 특정한 범죄들이 비난받아 마땅하다고 생각할 수 있다. 하지만 궁극적으로 그들이 그렇게 생각하는 이유는 존재론적인 이유가 아닌 감정적 혹은 실용적 이유다. 다시 말해, 그들이 특정한 범죄가 옳지 않다고 믿는 이유는 다음과 같다. 개인적으로 그 범죄가 싫거나 그 범죄가 방치되면 사회가 올바로 기능할 수 없다고 생각하기 때문이다. 그 범죄 자체가 옳지 않다고 믿기 때문은 아니다. 그 범죄가 선과 진리, 생명이신 하나님의 품성에 반하는 행동이라고 믿기 때문이 아니다. 따라서 무신론자 독재자가 대량 학살에 도덕적으로 아무런 문제가 없고 자신에게 그런 행위를 저지를 힘이 있다면 굳이 하지 않을 이유가 없다(이 점은 나중에 더 자세히 살펴보자).

나아가 무신론자들은 인간의 무한한 가치를 믿지 않는다. 이것은 우리가 앞서 간략히 살핀 점이다. 독실한 그리스도인과 유대인들은 인간이 하나님의 형상을 따라 창조되었다고 믿는다. 그들은 인간이 불멸의 영혼을 지니고 있으며, 하나님이 우리 각자를 사랑하신다고 믿는다. 그렇다면 우리 한 사람 한 사람은 우주 전체보다도 귀한 존재들이다.

무신론자들은 이런 입장을 받아들이지 않는다. 아니, 이런 입장이 터무니없다고 생각한다. 이것이 그들이 모든 인간 생명이 신성하다는 근본적인 원칙이 아닌 사회진화론이나 나치 아리안 우월주의 같은 야만적인 철학에 따라 윤리 체계를 세우는 이유다. 그들은 이 근본 원칙을 사실로 받아들이지 않는다.

무신론자 리더들은 인간 생명의 가치와 존엄을 믿지 않기 때문에 권력을 잡고 유지하며 자신들이 상상하는 유토피아 비전에 따라 사회를 뜯어고치기 위해 그 어떤 참담한 짓도 거리껴하지 않는다. 그래서 그들은 인간을 쓰레기 취급하며 가학적이고 냉혹하고 무자비한 짓을 서슴없이 저지른다. 지나친 비판처럼 들릴지 모르지만 사실이 그렇다.

지금까지 우리는 현대 무신론자들의 엄청난 오만과 무지, 기만을 살펴보았다. 특히, 자신들이 물려받은 죽음의 유산에 대해서는 어떻게 그토록 몰이해한지 모르겠다. 하지만 이제 겨우 빙산의 일각일 뿐이다. 무신론자들이 '큰 거짓말' 기법의 세 번째 요소를 어떤 식으로 시도했는지는 아직 살펴보지도 않았다. 그들이 공포와 위협, 불관용을 통해 자신들의 잔인한 철학에 관한 진실을 은폐하려고 해왔다는 점은 아직 살펴보지도 않았다.

자, 계속해서 읽어 보라. 정말로 눈을 질끈 감게 되는 이야기는 이제부터 시작이다.

하나님이 없다면 인간 행동에 대한
영원하고도 최종적인 심판이 없다.
하나님이 없다면 궁극적인 권위도,
심판의 날도, 도덕적인 책임도 없다.

Inside the Atheist Mind

4.

무신론자들의 미움

하나님과 종교를
완전히 몰아내겠다는
시도들

종교의 불관용을 비난하는 무신론자들의 말이 얼마나 자주 들리는가. '하나님의 이름으로 흘려지는 피'라는 말 다음으로 가장 자주 들린다. 무신론자들은 한 종교의 신봉자들(주로 그리스도인들)이 다른 종교인들에게 오직 원한과 미움밖에 품고 있지 않다는 말을 지겹도록 반복하고 있다.

반면, 무신론자들은 자신들은 누구보다도 인간적이고 사랑이 많고 합리적이고 존경받을 만하고, 무엇보다도, '관대'하다며 미움으로 꽉 찬 세상을 향해 혀를 차고 있다.

그렇다. '불관용'은 오늘날 무신론자들의 유행어 가운데 하나다. 간단히 정의하면, '불관용'은 자신과 다른 견해나 믿음, 행동을 용인하지 않고, 견해나 믿음, 행동이 자신과 다른 사람들에게 표현의 자유를 허용하지 않으려는 것이다.

무신론자들은 그 어떤 종류의 불관용도 격렬히 반대한다. 특히, 종교를 가진 사람들의 불관용은 아주 질색을 한다. 그들은 하나님 중심적이고 '독단적인' 우주관을 거부하고 이성과 과학, 사회 정의를 최고의 가치로 삼는 세속적인 인본주의 철학을 지향한다. 그래서 그들은 다양한 시각에 대한 포용이 자신을 대표하는 표식이라고 생각한다. 그들은 오늘날과 같은 다원적인 사회에는 다양한 관점이 존재할 수밖에 없고, 이런 사회에서 사회 정의가 실현되려면 만인을 향한 관용과 존중이 반드시 필요하다고 말한다. 어떤가? 맞는 말인가?

하지만 이 부분에서 약간 혼란스러워진다. 어느 시대에나 하나님을 믿는 사람의 수는 매우 많았다. 그렇기 때문에 종교적 믿음에는 적어도 어느 정도의 마땅한 이유가 있는 것이 분명하다. 이 점을 인정하지 않는 것은 비합리적이다. 모든 시대와 지역의 수많은 사람이 믿는다는 사실만으로도 무신론자들은 종교적 관점을 가진 사람들에게 최소한의 관용은 보여야 옳다.

그런데 유명한 무신론자들의 발언들을 조금만 살펴보면 전혀 뜻밖의 결과가 나타난다. 상식과 지혜, 이해, 정의, '관용'으로 가득한 합리적인 주장은 없고 다음과 같은 말만 난무한다.

우리의 글과 행동은 가장 큰 악 가운데 하나인 종교를 세상에서 없애기 위한 순수한 시도다.

-제리 코인(Jerry Coyne)[1]

내게 마술지팡이가 있어서 강간과 종교 중 하나를 없앨 수 있다며 주저없이 종교를 없앨 것이다.

-샘 해리스[2]

어떤 주장들은 너무 위험해서 심지어 그것을 믿는 자들을 죽이는 것이 윤리적일 수도 있다.

-샘 해리스[3]

무엇보다도 위대한 종교 따위는 없다. 하나같이 어리석고 위험하다. 모두 모욕해 주어야 마땅하다.

-빌 마허[4]

모든 종교적 주장은 … 똑같이 썩었고 거짓이고 부정직하고 부패하고 재미없고 위험하다.

-크리스토퍼 히친스[5]

종교는 조롱하고 미워하고 경멸해야 마땅하다고 생각한다. 나에게는 그럴 권리가 있다.

-크리스토퍼 히친스[6]

어떤가? 관용이 보이는가? 다른 관점에 대한 존중이 보이는가? 이해하려는 노력이나 분석적인 사고가 보이는가? 정말로 종교가 그토록 관대하지 못하다면 왜 교황이나 캔터베리 대주교, 동방정교회 총대주교, 미국 복음주의 지도자들, 이스라엘 랍비장, 달라이 라마, 심지어 이슬람교 지도자들의 입술에서도 이런 독설이 나오지 않는 것일까?

왜 무신론자들은 그토록 지나친 일반화와 그토록 신경질적인 언어를 사용하는 것일까? 그들은 왜 세속적인 인본주의 원칙에서 그토록 벗어난 모습을 보이는 것일까? 모든 종교에 대한 이 증오와 무지, 불관용, 위선으로 가득 찬 공격은 도대체 무엇인가?

'미국 무신론자들'(American Atheists) 단체의 조지아 주 지부장 알 스테파넬리(Al Stefanelli)의 말에서 답을 찾을 수 있다. "때로는 (불관용이) 꼭 필요하다. 증오와 편협, 차별만 낳는 신앙과 교리에 대한 불관용은 칭찬을 받아야 마땅하다. 그런 신앙과 교리의 근절을 주장하는 극단주의적인 시각도 마찬가지다 … 많은 사람들(신앙인들)이 소시오패스(sociopath : 반사회적 인격장애자)이며, 그들 중 상당수가 사이코패스(psychopath)다."[7]

이제 퍼즐이 조금씩 맞추어진다. 무신론자들에 따르면 불관용은 무슨 수를 써서라도 없애야 한다. 단, 신앙인들에 대한 자신들의 불관용은 예외다. 인간 삶의 개선이라는 더 높은 목적에 부합한다면 불관용이 용인될 뿐 아니라 필요하고 칭찬받아 마땅하다. 게다가 신자들은 사이코패스일 뿐이니 그들의 생각은 무가치하고 그들을 어떻게 취급해도 상관없다.

다시 말해, 무신론자들은 관대하다. 단, 그들의 생각에 동조하는 자들에게만 관대하다. 그들과 생각이 다르다면 조심하라. 하나님의 존재에 관해 그들과 생각이 다르다면 편협하고 위험하기 때문에 차별을 당해 마땅하다.

자식에게 신앙을 전해 줄 권리에 의문을 제기하는 모습에서 무신론자들의 '칭찬받아 마땅한 관용'의 실체를 똑똑히 확인할 수 있다.

예를 들어, 리처드 도킨스는 이렇게 물었다. "무엇이든 원하는 것을 믿는 것까지는 좋지만 과연 부모가 자신의 믿음을 자녀에게까지 강요할 권리가 있을까? 사회가 개입해야 되지 않을까? 아이들이 명백한 거짓을 믿게 내버려 두어야 할까?"[8]

샘 해리스도 맞장구를 쳤다. "인간들이 … 우주에 자신들이 생겨나게 된 사실에 진정으로 기뻐할 확실한 방법을 찾게 되면 분열만 일으키는 종교적인 신화들은 더 이상 필요하지 않을 것이다. 그때 우리 아이들을 그리스도인이나 유대교인, 이슬람교도, 힌두교도로 키우는 것이 얼마나 어리석고 역겨운 일인지를 모두가 알게 될 것이다."[9]

심리학자인 니콜라스 험프리(Nicholas Humphrey) 교수도 동조하며 말했다. "분명히 말하는데, 아이들에게는 남들의 나쁜 생각에 노출되어 마음이 병들지 않을 권리가 있다. 남들이 누구든 간에 그런 일은 없어야 한다 … 더 이상 부모들이 자녀들에게 성경이 문자적으로 사

실이라고 가르치도록 두지 말아야 한다.[10]

노스웨스턴 페인버그 약대(Northwestern University Feinberg School of Medicine)의 신경과학자 지오반니 산도스타시(Giovanni Santostasi)는 이렇게 주장했다. "종교는 어른들을 위한 사적인 활동 이상이 되어서는 안 된다 … 종교는 일종의 포르노다. 다시 말해, 아이에게 노출시킬 만한 것이 못 된다."[11]

종교가 포르노와 같단다. 종교가 어리석고 역겨운 것이며 명백한 거짓이란다. 종교가 아이들의 마음을 병들게 한단다. 그래서 정부가 부모로부터 아이들을 보호해야 한단다.

물론 무신론자 중에서도 저자 졸탄 이슈트반(Zoltan Istvan)처럼 좀 더 '온건한' 입장을 취하는 자들도 있다. 그는 〈허핑턴 포스트〉(Huffington Post)지에 기고한 글에서 다음과 같이 말했다.

아이가 16세가 되기 전에는 종교 교육을 제한하는 법안을 촉구하는 대열에 동참하는 바다. 아이가 십대 중반이 되고도 종교에 관심이 있다면 그때는 배우게 하라. 16세의 아이들은 열정적이고 호기심이 많으며, 부모의 지도 없이도 자신의 세상을 이성적으로 탐구할 능력이 있다. 하지만 그 전까지는 외부의 영향을 너무 쉽게 받기 때문에 증명되지 않았고 역사적으로 볼 때 위험한 종교적 개념들에 반복적으로 노출되어서는 안 된다. 미성년자에게 종교를 강요하는 것은 사실상 아동 학대의 한 형태로, 이성적으로 생각할 능력을 망가뜨리고 세상을 편견 없이 바라볼 능력을 제한시

킨다.[12]

얼마나 배려심이 많은가. 외부의 영향을 너무 쉽게 받을 나이만 지나면 부모가 자녀에게 종교적 관점을 가르칠 수 있게 해 주니 얼마나 관대한가. 이토록 공정하고도 사려 깊은 무신론자들이 있다는 사실에 감사해야 마땅하다.

하지만 과연 그럴까? 무신론자들에 따르면, 종교적 믿음은 아이들에게 가르치기에는 너무 '위험하다.' 종교가 태초부터 빛나는 예술과 문학, 음악, 철학, 교육, 과학, 인도주의적인 지원을 낳았지만 결국은 아동 학대의 일종에 불과하단 말인가.

물론 오늘날, 같은 불신자들이 좀 지나치다고 생각하는 무신론자들도 더러 있기는 하지만 그런 양식 있는 무신론자들은 찾아보기 힘들다. 인터넷 검색을 해 보면 "그리스도인들은 역겹다", "모든 종교는 악이다", "지적인 신자라는 것이 있기나 한가?", "종교는 사라져야 한다!"와 같은 제목의 무신론 사이트들을 무수히 발견할 수 있다. 표현 자체에서 엄청난 광기와 분노가 그대로 느껴진다.

이렇게 종교를 금하고 없애라는 광란의 아우성 가운데서도 좀 더 차분한 무신론의 목소리들이 있기는 하다. 덜 호전적인 형태의 무신론이 존재한다. 그들은 도킨스, 해리스, 히친스 같은 선동가들의 반기독교, 반이슬람교, 반유대주의 발언들을 반대하며, 종교가 인류에 끼친 기여를 인정하려고 노력한다.

신앙인들이 이들의 노력을 매우 높이 사기는 하지만, 사실 이런

'더 친절하고 점잖은' 무신론자들은 너무 순진한 자들이다. 그들은 자신들의 운동이 왜 존재하는지를 제대로 이해하지 못하고 있다. 그들은 무신론의 입장을 철저히 고민해 보지 않은 자들이다. 그들은 온화하기는 하되 정확하지가 못하다. 그들은 역사적 그림을 완전히 놓치고 있다. 자신이 불관용과 적대감으로 점철된 무신론의 오랜 역사에 얼마나 무지했는지를 깨닫게 되면 더 이상 동료 무신론자들의 야비한 방식을 바꿀 수 있다는 헛된 생각은 하지 않을 것이다. 무신론자들이 바뀌는 일은 절대 없을 것이기 때문이다.

종교에 대한 악독하고도 비열한 공격을 통해 분노와 공포의 분위기를 조성하는 현대 무신론자들의 방식은 사실 전혀 새로운 방식이 아니다. 그것은 수백 년, 아니 수천 년 동안 그들의 전형적인 방식이었다. 그 방식은 기독교가 탄생할 당시에도 여전했다. 나사렛 예수, 손에 무기 한 번 든 적이 없는 겸손한 유대인 목수는 자연적인 죽음을 맞지 않았다. 그분은 잔인한 처형을 당하셨다. 그분은 자신의 신앙고백에 대한 이방 정부의 불관용에 희생되었다.

물론, 예수님 당시의 이교도 신앙이 오늘날의 무신론과 똑같지는 않다. 하지만 둘은 무신론자들이 생각하는 것보다 훨씬 더 닮아 있다. 고대 이교도들의 신들은 유대교나 기독교의 하나님과 전혀 달랐다. 이교도 신앙은 철저히 신화였다. 진지한 신앙 체계가 아니라 구전의 일부였다. 신학보다 시에 가까웠다. 그리고 예수님 당시의 이교도들은 오늘날의 무신론자들처럼 도덕적으로 모순되고 썩어 있었다. 그들은 오늘날의 무신론자들처럼 우주를 창조하신 인격적인 하나님을 믿지 않았다. 그들은 오늘날의 무신론자들처럼 자연을 숭배하는 범신론자들이었다. 무엇보다도 종교, 특히 기독교에 대한 그들의 불관용은 오늘날 무신론자들이 보이는 불관용만큼이나 지독했다.

기독교를 공격하는 현대 무신론자들의 진정한 조상은 다름 아닌 그 옛날 기독교를 공격했던 이교도들이다. 오늘날 종교를 향한 무신론자들의 비이성적인 적대감을 이해하려면 로마 정부의 손에 지독한 핍박을 받았던 첫 그리스도인들부터 시작하여 역사를 되짚어 보아야 한다.

예수님이 돌아가신 뒤 수백 년 동안 기독교는 금지되었고 기독교 성직자들은 투옥되었다. 수많은 그리스도인들이 콜로세움 같은 경기장에서 무자비하게 학살되었다. 로마 역사학자 타키투스(Tacitus)는 AD64년에 쓴 글에서 로마의 이교도 정부가 첫 그리스도인들을 어떻게 다루었는지 묘사했다.

> 네로는 혐오스러운 관행으로 악명이 높았던 '그리스도인들'이라고 불리던 자들을 가장 정교한 형벌로 무고하게 처형했다. 그리스도인이라는 이름의 기원인 그리스도는 티베리우스(Tiberius) 집권 당시 본디오 빌라도 총독에 의해 범죄자로 처형되었다. 이렇게 억압을 받았음에도 이 파괴적인 미신은 다시 일어났다. 이 악의 근원지인 유대만이 아닌 로마에서도 … 그래서 처음 붙잡혀 자신의 신앙을 인정한 자들이 제공한 정보를 통해 수많은 자들이 … 인류를 향한 미움이라는 죄목으로 유죄 판결을 받았다. 또한 그들을

죽이는 것은 스포츠가 되었다. 그들은 동물의 가죽을 입은 채 개들에게 물려 죽거나 십자가에 못이 박히거나 불살라졌다. 해가 저물면 그들은 등불로 사용되었다 … 그들은 분명 유죄인데도 … 사람들은 고난을 받는 그들을 불쌍히 여기기 시작했다.[13]

이 글의 저자가 고난받는 그리스도인들을 동정하기는 했지만 그의 언어는 역시나 이교도답게 그리스도인들을 악이요 '인류에 대한 미움'을 포함한 온갖 혐오스러운 짓을 일삼는 자들로 여기고 있다. 이런 반기독교적인 뉘앙스가 2천 년이 지난 지금까지도 거의 바뀌지 않았다는 사실이 참으로 섬뜩하다.

G. K. 체스터턴(Chesterton)은 무신론자들의 태도를 정확히 지적했다. 그는 경기장 한가운데 모여 굶주린 사자들이 풀려나기를 조용하고도 용감하게 기다렸던 최초의 기독교 순교자들(남녀노소, 유아까지)에 관해 이렇게 말했다. "그 어두운 시간에도 절대 어두워지지 않는 한 빛이 그들에게 비추었다. 기이한 인광처럼 그들에게 쏟아지는 백색의 불, 역사의 여명기들을 뚫고나간 불길 … (그 빛을 통해) 그 적들에게 그것을 더 빛나게 만들었고 그 비판자들은 그것을 더 불가해하게 만들었다. 바로, 하나님의 교회를 둘러싼 미움의 후광이었다."[14]

미움의 후광이란 그의 말은 모든 믿음의 사람들을 향한 지독하고 편협하며 불가해한 미움을 완벽히 묘사한 표현이 아닐 수 없다. 설령 그들의 죄목이 사실이라 하더라도 그 미움은 너무나도 도에 지나친 것이었다.

그리스도인들의 믿음이 더 뜨거워지고 그들이 더 많은 권력을 잡으면서 이 미움은 사라진 것처럼 보였다. 하지만 전혀 그렇지 않았다. 단지 숨어서 숨을 고르고 있었을 뿐이다. 이 미움은 무신론자들이 진정한 정치권력을 손에 넣을 때 다시 추악한 고개를 들기 위해 조용히 기회를 노리고 있었을 뿐이다.

그리고 마침내 무신론자들이 권력을 손에 넣게 되었다. 프랑스 혁명 당시 자크 에베르(Jacques Hébert)와 자크 클로드 베르나르(Jacques-Claude Bernard) 같은 반종교적인 전사들은 프랑스에서 기독교를 완전히 제거하고 '이성 숭배'(Cult of Reason)를 공식적인 이념으로 삼은 정부를 세우기 위해 종교에 대한 새로운 핍박을 시작했다.[15]

프랑스의 과격분자들은 이 목표를 달성하기 위해 교회와 성당에 대한 파괴와 모독을 부추겼다. 그들은 교회와 성당을 '이성의 신전'(Temples of Reason)으로 바꾸고자 했다.[16] 1793년에 시작된 소위 공포정치(Reign of Terror) 시대에 그리스도인들을 비롯한 '혁명의 적들'이 수없이 처형을 당했다. 당시 가톨릭교회는 혁명을 반대했다. 혁명 리더들이 성직자들을 공무원으로 국가에 귀속시키고 새로운 프랑스 정부에 충성의 맹세를 할 것을 요구했기 때문이다.[17] 극단적인 무신론 정부인 이 새로운 정부는 종교를 핍박하고 수많은 신자를 처형시켰다. 당시 그 핍박으로 프랑스에서 죽은 사람의 숫자는 4만 명으로 추정된다. 단두대에서 1만 6천 명이 처형되었고 2만 5천 명이 즉결 처형되었다.[18] 1793년 11월에서 1794년 7월까지 10개월 동안 무려 30만 명의 프랑스인이 체포되었다.[19]

프랑스 혁명의 리더들은 단두대 외에도 '공화당 결혼'(republican marriage)이라는 악명 높은 방식을 비롯한 여러 처형 방식을 사용했다. 공화당 결혼은 발가벗긴 커플을 함께 통나무에 묶어서 물에 빠뜨려 죽이는 행위었다.[20]

이런 잔혹한 범죄의 가해자들이 무지몽매한 백성들이 아니었다는 점을 주목할 필요성이 있다. 그들은 호전적인 무신론 철학에 물든 언론인과 정치인을 비롯한 지식층이었다.

이 철학은 오귀스트 콩트(Auguste Comte), 루드비히 포이어바흐(Ludwig Feuerbach), 카를 마르크스(Karl Marx), 프리드리히 니체 같은 자들이 옹호한 철학이다. 이 무신론자들은 하나님에 대한 믿음을 공개적으로 비난하고 종교에 대한 불같은 미움을 보였다. 그들은 모든 종교적 신앙을 쓸어버리는 것이 인류의 엄숙한 의무라고 강력히 주장했다. 그들은 이 의무에 반대하는 것은 곧 이성과 역사의 발전에 반하는 행위라고 규정했다. 그들의 사전에 관용이란 없었다.

20세기 무신론 정치 지도자들의 이념적 기초를 형성한 것은 바로 이런 19세기 무신론 철학자들이었다. 다시 말해, 종교에 대한 이 철학자들의 불관용은 인류 역사상 가장 피비린내 나는 전쟁과 대량 학살의 출발점이었다.

앞서 살폈듯이 레닌(Lenin) 체제의 소련, 마오쩌둥 체제의 중국, 엔베르 호자(Enver Hoxha) 체제의 알바니아, 크메르 루즈(Khmer Rouge) 체제의 캄보디아 같은 20세기의 무신론 정권들은 1억 명 이상의 목숨을 무자비하게 해쳤다. 무려 1억 명! 이 숫자를 쉽게 지나치지 마라.

뚫어져라 쳐다 보고, 깊이 되새기라. 호전적인 무신론자들이 1억 명을 이 땅에서 지워 버렸다. 그들은 모든 형태의 종교를 잔인하게 탄압하고 교회와 회당들을 더럽히고 파괴했다.

이런 대학살의 이유는 무엇인가? 학살당한 그리스도인들과 유태인들은 특별한 범죄를 저지르지 않았다. 그들은 반역을 꾀하지 않았다. 정치 권력을 탐한 적도 없었다. 독재자들을 전복시키려는 시도를 하지 않았다. 그들의 유일한 죄는 종교를 따라 행한 것밖에 없었다. 그들은 국가에 앞서 먼저 하나님께 충성을 맹세한 사람들이었다. 이것이 국가를 통제하는 무신론자들이 그들을 도살한 이유다. 사실, 무신론자들이 정권을 잡으면 항상 이런 비극이 벌어진다. 이교도 로마의 썩은 황제들이든 프랑스의 이성 숭배자들이든 20세기의 불경한 독재자들이든 상관없이 모든 호전적인 무신론자들은 관점이 다른 사람들을 학살했다. 이것이 그들이 말하는 관용이다.

그리고 이것이 오늘날 관대한 무신론을 창출하려는 모든 노력이 헛수고인 이유다. 관용은 큰 거짓말의 일부다. 관대한 무신론이란 존재하지 않는다. 앞서 살핀 부모의 양육 방식을 통제하는 것이 국가의 의무라는 무신론자들의 주장은 빙산의 일각일 뿐이다. 무신론자들이 정치권력을 손에 넣고 언론과 학계, 엔터테인먼트 산업을 지배할 때마다 종교적 자유에 대한 그들의 공격은 더 비상식적이고 잔인하게 변한다. 종교를 공격하는 것이 무신론의 본질이다.

사실, 현대 무신론자들의 종교 탄압은 이미 시작되었다. 도처에서 그 증거를 확인할 수 있다. 지난 50년 사이 미국의 공적 영역에서는 종교적 심벌과 이미지, 정서가 체계적으로 제거되어 왔다. 공립학교에서 모든 종류의 기도, 심지어 특정 종교와 상관이 없이 조용히 혼자 드리는 기도도 금지된 지 오래다. 법원과 정부 청사에서 성경 인용문, 심지어 십계명도 사라졌다. 공무원들은 더 이상 일터에 종교적 심벌을 둘 수 없다. 하지만 세속적인 심벌은 업무와 관련이 없는 것도 자유롭게 둘 수 있다. 종교 기념일과 성자들을 기념한 우표는 좀처럼 발행되지 않는 반면, 재니스 조플린(Janis Joplin), 지미 헨드릭스(Jimi Hendrix), 엘비스(Elvis), 윌트 체임벌린(Wilt Chamberlain), 배트맨 같은 세속의 유명 인사들을 기념한 우표는 헤아릴 수 없이 많다.

학생들은 더 이상 크리스마스와 부활절에 쉬지 않는다. 이제 겨울 방학과 봄 방학만 있다. 크리스마스와 부활절 기간에 공공장소에서 구유 속 아기 예수상과 촛대 같은 종교적 심벌을 찾아보기 힘들다. 공공장소에 그런 심벌을 두었다가는 ACLU와 FFRF(Freedom from Religion Foundation) 같은 단체로부터 소송을 당할 수 있다. 심지어 광고나 마트, 학교, 정부 기관에서 '크리스마스'라는 단어만 사용되어도 불이익을 당할 수 있다. 트리 장식 같은 크리스마스의 세속적인 측면들은 판촉을 위해 남아 있지만, 그리스도의 탄생과 결부되는 경우는 거의 없다.

무신론자들은 이런 정화 활동을 펼치는 동시에 기독교 신앙을 조롱하기 위한 대대적인 홍보 캠페인을 펼쳤다. 크리스마스와 부활절 기간에는 유독 이런 홍보가 기승을 부린다. '미국 무신론자들' 같은 단체들이 산 광고판이 미국 전역에서 우후죽순처럼 생겨났다. 심지어

바이블 벨트에도 "과연 크리스마스 기간에 그리스도가 필요한 사람이 있을까?" 혹은 "기독교: 가학적인 신, 쓸모없는 구주", "이제 철 좀 들라! 동화를 믿을 나이는 벌써 지났다!", "신화일 뿐이다. 이번 시즌에는 이성을 축하하라"와 같은 도발적인 광고판이 수두룩하다.[21]

이런 노골적인 광고는 연중 가장 거룩한 기간에 주로 게재된다. 이는 가장 깊은 신앙심을 가진 사람들에 대한 분노를 일으키고 그들을 조롱하기 위해 철저히 계산된 광고들이다. 세속 사회에서 다문화주의가 그토록 중요한 가치라면 기독교 문화에 대한 배려는 어디로 사라진 것인가? 다른 종교나 소수 인종, 심지어 민간 신앙에 대해서 이런 광고판이 나타난다면 필시 혐오 범죄라고 난리가 날 것이다. 그런데도 21세기의 세속적인 미국에서는 기독교에 대한 공격이 누구 하나 저지하는 사람 없이 난무하고 있다.

어떻게 이런 상황이 벌어질 수 있을까? 최근 라스무센(Rasmussen) 여론조사에 따르면, 미국인의 76퍼센트는 여전히 종교적 심벌이 공공장소에서 허용되어야 한다고 믿고 있다. 공립학교가 어떤 식으로든 종교적 휴일들을 축하해야 한다고 믿는 사람들도 83퍼센트나 된다.[22] 이것이 사실이라면 어떻게 미국은 모든 종교적 기도와 축제, 휴일을 금지하는 반면, 반종교적인 편협은 용인할 뿐 아니라 오히려 정상으로 받아들이는 나라가 되었을까?

이유는 간단하다. 많은 미국인이 큰 거짓말에 속고 있기 때문이다. 그들은 종교가 공화국에 위험하기 때문에 종교와 정부 사이에 넘을 수 없는 담을 세워야 한다는 거짓말에 현혹되었다. 가끔 이 터무니

없는 거짓말에 도전하는 사람이 나타나도 적대적인 소수의 무신론자들이 한꺼번에 외치는 무시무시한 아우성에 겁을 먹고 잠잠해지기 일쑤였다.

하지만 미국 헌법은 정교의 분리에 관해 아무런 말을 하지 않는다. 물론 1791년에 통과된 수정 제1조(First Amendment)에는 정부가 어떤 국교도 수립하는 것을 금하는 '수립 조항'(Establishment Clause)이 포함되어 있었다. 하지만 국교의 '수립'을 금지하는 것과 국가 내에서 종교를 완전히 '배제하는' 것은 다른 문제이다.

미국 헌법 초안자들은 연방 정부가 어떤 형태든 교회를 세우거나 자유로운 종교 활동에 간섭하는 것을 원치 않았다. 그들의 목적은 이 이상도 이하도 아니었다. 기독교나 유대교, 이슬람교 심벌들을 공공장소에 놓는 것이 수립 조항을 어기는 것이라는 주장은 황당무계하다. 미국의 건국자들이 이런 주장을 들었다면 자신들의 의도를 지독히 왜곡한 것이라며 화를 냈을 것이다. 실제로 토머스 제퍼슨은 이런 말을 했다. "정부의 합법적인 힘이 그런 행위에 사용되는 것은 남들에게 해롭다. 하지만 내가 스무 가지 신의 존재 유무에 대하여 말하는 것은 내 이웃에게 아무런 해가 되지 않는다."[23]

지난 50년 동안 미국의 선출되지 않은 법관들은 자신들의 힘을 수시로 남용했다. 그들은 정부의 종교 활동을 제한했을 뿐 아니라 국민들의 종교적 표현까지도 제한했다. 라디오 진행자 마크 레빈(Mark Levin)은 *Men in Black : How the Supreme Court Is Destroying America*(맨인블랙, 미국을 파괴하고 있는 대법원)이라는 책에서 다음과 같이 말했다.

> 공공장소에서 종교나 하나님을 일체 언급하지 못하게 하려는 강
> 력하고도 일치된 노력은 우리의 근간이 되는 원칙들에 대한 공격
> 이다. 그것은 우리가 권리의 원천으로서 정부, 특히 사법부를 점
> 점 더 의존하게 만들려는 시도다. 하지만 우리의 권리가 양도할
> 수 없는 것이 아니라면, 우리 자신보다 더 높은 근원에서 온 것이
> 아니라면, 그 권리는 국가의 의지에 좌우될 수 있다. 바로 이것이
> 독재로 가는 길이다.[24]

독재야말로 호전적인 소수의 무신론자들이 추구하고 있는 것이
다. 상식적인 사람이라면 사람들이 우체국이나 정부 건물에서 '메리
크리스마스'라고 말하는 것에 전혀 신경을 쓰지 않는다. 공공장소에
서 크리스마스트리나 구유의 예수님, 촛대를 보고서 차별을 받았다
고 느낄 사람은 아무도 없다. 이런 신앙의 단순한 표현을 억누르는 것
은 독재에 불과하다. 지금 우리가 바로 이런 독재 상태 속에서 살고
있다.

이제 현실을 직시해야 할 때다. 무신론자들은 그리스도인에 대해
전체주의적인 불관용을 보이고 있다. 그들은 유럽과 미국에서 기독교
의 흔적조차 완전히 지우기로 단단히 마음을 먹었다. 그들은 부모가
자신의 자녀에게 종교적 신앙을 가르칠 권리까지 부인하고 있다. 그
들은 20세기 공산 정권들과 같은 언어를 사용하고 같은 야망을 품고

있다. 비록 불경한 유토피아의 비전을 이루기 위해 물리적 폭력까지 사용하고 있지는 않지만 (그럴 날이 머지않았다) 경멸과 비방, 기만, 법적 위협이라는 치명적인 무기로 공공 영역에서 적들을 몰아내고 있다.

하지만 도대체 왜 그런 것인가? 이 엄청난 분노의 불길을 어떻게 설명할 수 있는가? 종교에 대한 이 지독한 미움의 밑바닥에는 어떤 거짓말들이 있는가?

이 질문에 답할 수 있으려면 약간의 준비 작업이 필요하다. 무신론자들의 의식 속으로 들어가 그들의 머리를 이해해 볼 필요성이 있다. 그들의 머릿속에서 우리는 이 지독한 불관용의 미스터리를 풀어줄 두 가지 충격적인 특성을 발견할 수 있다.

이제 우리가 살펴볼 이 두 가지 특성은 도덕적으로 지독히 비겁하다는 점과 놀랄 정도로 지성이 부족하다는 점이다.

관대한 무신론이란 존재하지 않는다.
종교를 공격하는 것이 무신론의 본질이다.

Inside the Atheist Mind

5.

무신론자들의 과학만능주의

과학에
갇히다

이 책의 첫머리에서 우리는 현대 무신론자들의 가장 두드러진 특징으로 오만을 꼽았다. 이어서 무지가 오만의 뒤를 바짝 좇고 있다. 사실, 이 두 특성은 서로 앞서거니 뒤서거니 시합을 벌이고 있는 듯하다. 다만 오만이 간발의 차이로 결승선을 먼저 통과할 뿐이다. 하지만 "무신론자들의 특성 중에서 '가장 긴' 논의를 필요로 하는 특성은 무엇일까?"라는 질문을 던진다면 시합을 열 필요조차 없다.

이 책의 모든 장이 하나의 책으로 다룰 만하지만 이제부터 다루려는 주제는 가히 전집으로 나와도 부족하지 않다. 사실, 이 특성에 관한 예는 넘치도록 많아서 이 내용을 하나의 장으로 가지치기를 하느라 무척 애를 먹었다.

이 특성은 바로 '지적인 얕음'이다. 무신론자 유명인사들의 무지한 조롱도 많고, 무신론자 저자들의 오만한 거짓말도 많고, 무신론자 독재자들이 저지른 무지비한 살육도 많지만, 무신론자의 입에서 나온 어리석은 발언은 그야말로 끝이 없을 지경이다.

농담이 아니다. 희대의 살인마 찰스 맨슨(Charles Manson)을 기소한 스타 검사 빈센트 버글리오시(Vincent Bugliosi)는 역사상 가장 큰 성공을 거둔 검사 중 한 명이었다. 그런데 그는 불가지론자이면서도 가장 영향력 높은 새로운 무신론자 세 사람(리처드 도킨스, 샘 해리스, 크리스토퍼 히친스)의 저작들을 철저히 분석한 끝에 그들의 '모든' 주장이 공허하고 비논리적이며 지독히 피상적이라는 결론을 내렸다.

그는 자신의 책 *Divinity of Doubt*(의심의 신학)에서 다음과 같이 말했다.

> 평생 다양한 조사를 하면서 발견한 사실은 … (궁극적인 결론이 아닌)타당한 전제로 시작하면 사실상 그 이후의 모든 주장이 타당해진다는 것이다. … 이 경우, 세 무신론자 저자들의 핵심적인 신념이 본질적으로 타당하지 않기 때문에 … 그들은 하나님이 없다는 주장에 대해 … 그 어떤 확실한 증거도 제시할 수 없다. 심지어 그 어떤 설득력 있는 설명도 제시할 수 없다. [1]

그는 '무신론은 그릇된 추론들(non-sequiturs)로 이루어진 장황한 이야기에 불과하다'라고 결론을 지었다.[2]

여기서 '그릇된 추론'은 '일관되지 않다'를 뜻하는 라틴어다. 사전은 이 단어를, 이전의 진술이나 전제와 논리적으로 일관되지 않은 모순된 추론으로 정의한다. 예를 들어, 다음과 같은 추론이 그렇다.

> "존 스미스는 차를 갖고 있지 않다. 그래서 존 스미스는 가난하다."

지성이 조금이라도 있는 사람이라면 이 진술의 허점을 알 수 있다. 존 스미스가 가난하다는 것이 사실이라 해도 차를 갖고 있지 않다는 것이 그 사실을 증명해 주지는 못한다. 그는 차를 임대해서 사용할 수도 있다. 그의 나이가 열 살밖에 되지 않아서 차를 살 수 없을 수도 있다. 그가 도시에 살며 늘 대중교통을 이용하기 때문에 차가 필요하지 않을 수도 있다. 오히려 너무 부자라서 매번 리무진과 기사를 부를 수도 있다. 그가 부자지만 탈세로 감옥에 있을 수도 있다. 그가 운전을 무서워할 수도 있다.

존 스미스가 차를 소유하지 않는 데 대해서는 여러 가지 합당한 이유가 있을 수 있다. 그런데도 그가 가난하다고 단정하는 어리석은 사람들이 있다. 그들은 자금 부족만이 이 상황에 대한 합당한 설명이라고 생각한다.

이런 사람에 관해 뭐라고 말할 것인가? 이런 사람이 피상적이고 어리석다고 말하는 것이 너무 잔인한 평가인가? 이번에도, 현대의 무신론자들이 바로 이런 사람과 같다.

추론이라고 부를 수 있을지 모르겠지만, 어쨌든 그들의 추론은 논리적 모순으로 가득하다. 그들의 책은 하나님과 종교에 대한 신랄한 공격으로 가득하지만, 그 공격들은 하나같이 조잡하고 논리적으로 얕기 짝이 없다.

그중 가장 조잡하고 모순된 추론은 '허수아비' 논법이다.

허수아비 논법은 적의 입장을 쉽게 반박할 수 있도록 지나치게 단순화하거나 과장하거나 왜곡시키는 것이다. 쉽게 말해, 가볍게 쓰러뜨릴 수 있도록 가짜 허수아비를 만드는 것이다.

무신론자들은 이런 논법을 좋아하고 자주 사용한다. 예를 들어, 그들은 항상 성경이 오히려 하나님이 존재하지 않음을 증명해 보인다고 주장한다. "그리스도인들의 말처럼 성경이 참이라면 하나님은 존재하지 않는 것이 분명하다. 왜냐하면 성경은 거짓과 오류, 모순으로 가득하기 때문이다."

다시 말해, 그들은 먼저 성경을 지나치게 일반화하여 (단순히 성경이 참이라고만 말하여) 왜곡시킨다. 그리고 이렇게 왜곡시킨 허수아비를 쓰러뜨리고 나서 마침내 하나님을 쓰러뜨렸다고 주장한다.

하지만 이것은 얼토당토않은 논법이다. 이것은 비논리적이고 모순될 뿐 아니라, 지적으로 부정직한 것은 물론이고 지적으로 너무 얕다. 무엇보다도, 설령 성경이 오류로 가득하다는 점을 증명할 수 있다 하더라도 그것이 하나님이 존재하지 않음을 증명해 주지는 않는다.

실제로, 성경을 받아들이지 않고도 하나님은 믿는 사람이 전 세계적으로 수없이 많다. 성경의 오류라는 것은 특정 교단들의 오류일 뿐 하나님의 존재를 부정하는 증거는 아니다. 게다가 성경의 정확성과 하나님의 존재라는 두 명제는 논리적으로 연결되어 있지 않다. 수많은 무신론자들이 하나님의 존재를 반박하기 위해 성경을 공격하지만 그것은 어디까지나 그릇된 추론일 뿐이다. 그것은 마치 존 스미스가 차가 없기 때문에 가난하다고 말하는 것과도 같다.

성경에 대한 무신론자들의 비판은 비논리적일 뿐 아니라 여러 모로 지독히 피상적이다. 예를 들어, 그들은 문자적인 사실과 은유적인 사실을 전혀 구분하지 않는다. 그들은 요나가 큰 물고기에게 먹힌 이야기와 같은 억지스러워 보이는 성경 구절들을 인용하며 조롱하기를 좋아한다. "도대체 이게 말이 돼? 어떻게 고래나 물고기가 인간을 통째로 삼킬 수 있어? 어떻게 사람이 고래의 배 속에서 사흘이나 살아 있을 수 있어? 과학적으로 불가능해. 사흘이면 소화되고도 남을 시간이잖아. 이 이야기는 아이들의 동화만큼이나 유치하고 황당해. 따라서 성경은 거짓이고, 그걸 믿는 사람들은 다 미치광이야." 그렇게 말하며 웃는다.

자, 이런 생각이 얼마나 얕은가? 이런 주장에는 최소한 두 가지 모순된 가정이 있다. 첫째, 초자연적인 사건은 불가능하다는 것이다. 둘째, 요나의 이야기를 문자적으로 받아들여야 한다는 것이다.

이런 일이 일어날 수 없다는 첫 번째 가정은 경험적으로 증명할 수 없는 것이다. 심지어 이 가정은 논리적이지도 않다. 생각해 보라.

하나님이 존재하신다면 왜 그분이 자연법칙을 거스를 수 없다고 생각하는가? 그분은 애초에 자연법칙을 창조하신 분이 아닌가. 그분이 자연법칙을 거스를 수 없다는 가정은 순환논리(circular reasoning)의 일례다. 즉 기적 자체가 일어날 수 없기 때문이 이 기적이 일어나지 않았다고 가정하는 것이다.

두 번째 가정은 요나서를 문자적으로 읽어야 한다는 것이다. 하지만 모든 그리스도인과 유태인들은 이 이야기에 그런 방식으로 접근하지 않는다. 아니, 모든 성경을 그런 식으로 읽지 않는다.

일부 그리스도인들은 이 구절도 철저히 문자적으로 해석해야 한다고 고집하지만(위에서 언급한 점을 근거로, 즉 하나님이 원하시면 어떤 기적도 행하실 수 있다는 점을 근거로), 대부분의 그리스도인들은 성경에 대해 더 넓고 깊은 관점을 취한다.

성경은 하나의 책이 아니라 여러 시대에 걸쳐 여러 문학 형태로 쓰인 책들의 '집합'이다. 모든 성경의 저자가 하나님인 것은 맞지만 하나님은 여러 사람들을 도구로 사용하셔서 수세기 동안 그분의 말씀을 기록하게 하셨다. 그들은 다양한 문학 기법을 사용했다. 로버트 배런(Robert Barron) 주교가 유명한 유튜브 동영상에서 말했듯이 성경은 하나의 책보다는 '도서관'에 가깝다.[3]

자, 당신이 한 도서관에 들어가서 사서에게 "이 도서관의 모든 책을 문자적으로 받아들여야 합니까?"라고 물으면 황당하다는 표정을 보게 될 것이다. 사서는 약간 짜증 섞인 투로 이렇게 말할 수도 있다. "이 도서관에는 여러 코너가 있습니다. 과학이나 역사 코너에 가면 역사적 사실이나 과학적 사실로 가득 찬 책들이 있지요. 하지만 소설과 시 코너에 가면 문자 그대로의 사실보다는 이야기와 은유를 통해 심오하고도 풍성한 진리를 전달하는 책들을 만날 수 있습니다."

이것은 지적인 대답이다. 그리고 당신도 이런 책을 이해하려면 지적인 사람이어야 한다. 어리석거나 피상적인 사람은 이런 책을 이해할 수 없다.

성경을 이해하는 일도 마찬가지다. 그리스도인들에 따르면 성경은 일체 오류가 없는 하나님의 말씀이다. 일반 도서관에 보관된 정보와 달리, 성경의 모든 정보는 참이다. 하지만 모두 같은 방식으로 참인 것은 아니다. 성경에서 복음서로 알려진 부분을 읽으면 대체로 역사적인 사실을 보게 된다. 복음서는 예수님의 생전에 실제로 일어난 사건들에 관한 증언이 주를 이룬다. 하지만 창세기를 펴면 분명 사실이지만 '비유적인' 특성이 강한 이야기들을 마주하게 된다.

'비유'는 숨은 의미, 대개는 도덕적 혹은 종교적 진리를 담은 이야기나 시다. 따라서 요나와 큰 물고기 이야기의 의미는 요나처럼 하나님에게서 도망치면 어둠에 삼킴을 당한다는 것이다. 하지만 깊은 어둠의 창자 속에서도 언제나 낮의 빛을 다시 볼 수 있다는 희망이 있다. 왜냐하면 하나님께로 돌아가면 언제나 용서와 구원이 기다리고 있기 때문이다.

이것이 이 이야기에 담긴 진리다. 그냥 진리가 아니라 매우 위대한 진리다. 무신론자들은 요나서를 허무맹랑한 전설로 조롱하지만 성경이 틀린 것이 전혀 아니다. 그리스도인이 어리석거나 하나님이 존재하시지 않는 것이 아니다. 오히려 그 조롱은 그들이 너무 얕고 아둔해서 심오한 진리를 이해할 수 없다는 사실만 보여 줄 따름이다.

물론 요나의 이야기는 이보다 훨씬 더 깊은 의미를 담고 있다. 요나는 예수 그리스도를 '예시하는' 선지자다. 복음서들에 따르면 그리스도는 잔인한 처형을 당하고 사흘간 무덤 속에 있다가 부활하셨다. 그리스도는 그 죽음과 부활을 통해 하나님 살해라는 가장 큰 악도 이길 수 있고 오히려 영생의 선물이라는 가장 큰 선으로 바꿀 수 있음을 보여 주셨다. 따라서 요나가 사흘간 큰 물고기 배 속에 갇혔다가 풀려난 사건은 그리스도가 무덤에 장사되었다가 죽음을 이기신 사건을 예시한다. 덕분에 인류는 가장 중요한 종교적 메시지를 받을 준비를 할 수 있었다(예수님 자신이 요나서를 이렇게 해석하셨다, 마 12:39~41).

이렇듯 요나의 이야기가 전하는 개념은 매우 심오하다. 이 개념을 부인할 수는 있어도 이 개념이 중요한 신학적 개념이 아니라고 주장할 수는 없다.

그런데 무신론자들은 그런 주장을 하고 있다. 그들은 어리석을 정도로 편협한 시선으로 요나의 이야기를 읽고서 과학적으로 불가능한 책으로 치부한 뒤에 그릇된 추론을 내놓는다. 즉 그들은 성경이 틀렸기 때문에 하나님이 단순히 인간이 만들어 낸 가공의 존재라고 결론을 내린다. 참으로 어리석다!

무신론자들은 종교에 대해서도 똑같은 실수를 저지르고 있다. 3장에서 살폈듯이 무신론자들은 종교가 역사 속 학살과 유혈극의 대부분을 일으킨 인류 최악의 적이라는 어처구니없는 주장을 펼친다.

그들은 수세기 동안 종교인들이 저지른 악과 잔인함, 어리석음, 위선을 지적하면서 종교가 악일 뿐 아니라 하나님을 믿는 것이 비합리적이라고 주장한다. 다시 말해, 그들은 조직화된 종교라는 용을 죽이고 나서 자신들이 하나님도 죽였다고 선언하고 있다. 이것이 크리스토퍼 히친스의 베스트셀러 책 《신은 위대하지 않다》의 핵심 전제다.

하지만 하나님에 대한 그 책의 공격은 전혀 논리적이지 않다. 그 책은 단순히 종교와 종교적인 사람들을 향한 욕설로 채워져 있다. 그 책의 제목 자체가 더없이 그릇된 추론이다. 책의 부제처럼 정말로 종교가 모든 것을 오염시킨다 해도 그 사실이 하나님이 위대하지 않거나 존재하지 않는다는 결론으로 이어질 수는 없다. 세상의 수많은 사람이 성경을 받아들이지 않는 것처럼 세상의 수많은 사람이 조직화된 종교는 거부하면서 여전히 인격적인 창조주를 믿고 있다.

또 다른 예를 보자. 지금 당신이 읽고 있는 책은 무신론자들에 관한 책이다. 우리는 이 비그리스도인들의 오만, 무지, 무자비함, 불관용, 지적 얕음을 보여 주는 많은 사례를 제시했다. 그런데 우리가 무신론자의 '입장'이 틀렸음을 증명했다고 주장한 적이 한 번이라도 있었는가? 우리가 무신론자들이 오만하기 때문에 하나님이 계신 것이 분명하다고 주장한 적이 한 번이라도 있었는가? 물론, 우리는 그런 적이 없다. 우리는 단지 무신론자들이 오만하고 무자비하고 우둔하다는 점을 보여 주었을 뿐이다. 우리는 이 점이 성경이나 기독교, 유신론이 참임을 증명해 준다고 주장할 생각이 없다. 그런 주장을 한다면 무신론자들과 똑같은 논리적 오류를 범하는 것이기 때문이다. 우리도 그들처럼 지적으로 얕은 사람이 되는 것이다. 물론 우리는 지적으로 얕지 않다!

심지어 무신론자들은 조직화된 종교라는 용도 전혀 죽이지 못했다. 앞서 말했듯이 역사 속에서 종교가 행한 수많은 선을 전혀 보지 못하려면 눈에 엄청나게 큰 가리개를 씌워야 한다. 무신론자들은 문화와 정치, 교육, 예술 분야에서 이루어진 종교의 엄청난 기여를 보지 않기 위해 그야말로 사력을 다하고 있다.

G. K. 체스터턴은 이런 말을 했다.

"종교가 저질렀다고 하는 악은 사실 '모든' 인간 제도에게서 나타나는 악이다. 그 악은 초자연주의의 죄가 아닌 자연의 죄다. … 특정한 악들을 기독교 교회의 탓으로 돌리는 사람들은 세상에 … 이런 악이 훨씬 더 많다는 사실을 완전히 망각한 자들이다. 교회는 잔인한 적이 있지만 세상은 훨씬 더 잔인했다. 교회는 음모를 꾸민 적이 있지만 세상은 훨씬 더 많은 음모를 꾸몄다. 교회는 미신에 빠진 적이 있지만 세상은 가만히 나두면 항상 미신에 빠져 있었다."[4]

요컨대, 그리스도인의 나쁜 행동은 인간 자체의 악한 본성 외에 아무것도 증명해 주지 않는다. 그것은 종교 자체가 나쁘다는 점을 증명해 주지 못한다. 하나님을 믿는 것이 나쁘다는 점은 더더욱 증명하지 못한다.

과학에 대해 그런 주장을 펼치는 것이 상상이 가는가? 과학이 인류에 '해로웠기' 때문에 과학적 연구를 법으로 금해야 한다고 주장하는 사람이 있는가? 실제로 과학의 역사는 흠 없이 깨끗하지 않다. 과학을 발전시키기 위해 유대인 아이들에게 몹쓸 의학적 실험을 한 사악한 나치 의사들의 이야기를 다들 알 것이다. 지난 백 년 동안 과학이 낳은 해로운 결과들에 관해 생각해 보라. 과학이 앞으로 끼칠 해로운 영향은 또 어떤가? 과학이 원자폭탄과 수소폭탄을 탄생시켰다는 사실을 잊어서는 안 된다. 과학은 탄도미사일을 비롯한 수많은 대량살상무기를 탄생시켰다. 과학은 버튼 하나만 누르면 온 인류를 단번에 사라지게 할 끔찍한 능력을 낳았다. 과학은 우리에게 잔혹한 테러로 극심한 고통을 낳을 능력을 주었다.

하지만 이런 파괴적인 잠재력 때문에 과학 자체가 나쁘다고 말하는 것이 옳은 일인가? 정말로 과학을 금지해야 하는가? 과학이 인류에 끼친 막대한 선을 무시해야 하는가? 이런 생각이 얼마나 우스꽝스러운가. 하지만 바로 이것이 무신론자들이 종교에 대해 적용하고 있는 논리이다. 이런 예를 들자면 끝이 없다.

무신론자들이 펼치는 또 다른 우스꽝스러운 주장은 진화론이 하나님이 존재하지 않는다는 사실을 증명해 준다는 것이다. 알다시피 진화는 종의 생존을 돕는 다양한 육체적 행동적 특징들이 세대에서 세대로 전해지면서 유기체가 서서히 변화는 과정이다. 무신론자들은 이 이론이 생명의 신비를 설명해 준다고 생각한다. 사실상 그들은 박테리아가 베토벤으로 진화했고 세균이 모차르트로 변했을 뿐 우주의 창조자는 없다고 주장한다. 그들에 따르면 세상 자체가 그 안의 모든 생명체를 탄생시켰다.

하지만 이 역시 그릇된 추론이다. 아직 이론일 뿐인 진화론이 사실이라고 해도 하나님이 처음 이 땅에 생명을 탄생시키고 나서 생명이 더 발전하도록 진화를 허락하시지 않았다고 결론을 내릴 만한 증거는 없다. 진화는 생명이 어떻게 왜 시작되었는지는 설명해 주지 못한다. 단지 생명이 변해 온 과정을 추정할 뿐이다. 다시 말해, 진화는 변화 과정일 뿐 기원과는 아무런 상관이 없다.[5]

마이클 폴(Michael Poole)은 새로운 무신론을 다룬 소책자에서 한 가지 예를 통해 이런 구분이 얼마나 중요한지를 보여 준다. 우리가 집의 한 방 안에 혼자 있는데 옆방에서 갑자기 불이 켜지면 대개 "누가 불을 켰지?"라고 묻게 된다. 배우자 혹은 자녀 혹은 침입자가 불을 켰는지 알고 싶어진다. 이 세 가지 모두 충분히 가능성이 있는 설명이다. 그런데 우리가 전기 기사에게 "왜 불이 켜진 거죠?"라고 물으면 분별력이 없는 전기 기사라면 이렇게 대답할 수도 있다. "불이 켜진 것은 전압이 낮은 전류가 에너지를 전구 안의 이온 가스로 옮겨 가스 원자들을 고에너지 궤도로 올렸다가 다시 낮춰 에너지를 복사의 형태로 다시 발산했고, 그 에너지가 전구 튜브 안을 덮은 형광체를 자극시켜 빛이 발산된 겁니다."[6]

자, 이 전기 기사는 무엇을 한 것인가? "누가 불을 켰나?"라는 질문에 답한 것인가? 아니면 "빛이 발산되는 과학적 과정은 무엇인가?"라는 질문에 답한 것인가?

진화가 하나님이 존재하지 않는다는 점을 증명한다는 무신론자들의 주장이 바로 이와 같다. 그들은 생명이 발전해 온 기제를 과학적으로 설명한 뒤에 느닷없이 그것이 생명 자체의 기원에 관한 설명이라는 황당한 주장을 펼친다. 철학적인 표현을 빌자면, 그들은 과정(process)을 작인(agency)과 혼동하고 있다.[7]

사실, 진화론자들은 진화를 오해할 뿐 아니라 과학 자체를 오해하고 있다. 그들은 과학이 무엇을 연구하는 것인지를 잘 모르고 있는 듯하다. 사전을 찾아보면 과학은 경험적으로 측정과 관찰이 가능한 우주 내에서 일어나는 현상과 사건, 물체를 다룬다. 그것이 다다. 반면, 철학과 종교는 제일 원인과 궁극 원인을 다룬다.

과학 기술에 매료된 십대 아이가 생명에 관한 심오한 형이상학적 질문들을 전혀 고려하지 않은 채 과학이 우주의 기원을 설명해 준다고 생각한다면 어려서 그러려니 하고 이해할 수 있다. 하지만 어른이 황당하고도 유치한 주장으로 가득한 적대적인 책들을 함부로 쓴다면 도저히 봐 줄 수 없다.

사실, 세상에서 가장 바보 같은 주장은 "하나님의 존재를 증명해 주는 그 어떤 과학적 증거도 나타나지 않았다"라는 것이다. 당연히 그럴 수밖에 없다. 도대체 어떤 증거를 기대하고 있는 것인가? 수억 년 전에 전능자가 토성에 찍은 거대한 지문과 같은 증거를 기대하는가?

제발 정신 좀 차리라! 이성적인 그리스도인 중에 하나님이 스스로 지은 피조세계 안에 있는 관찰 가능한 '물체' 중 하나라고 생각하는 사람은 아무도 없다. 우주를 만든 하나님이 있다면 그분은 그 우주와 구별되어야 한다. 그분은 그 우주와 완전히 다른 존재여야만 한다. 모든 창조자가 다 그렇듯 그분도 자신의 창조물 밖에 있어야 한다.

만약 《햄릿》(Hamlet)의 모든 등장인물이 힘을 합쳐 일련의 과학적 실험을 하면 그 희극의 페이지들 속에 있는 어느 장소에서 윌리엄 셰익스피어를 발견할 수 있을까? '야경'(The Night Watch) 속의 모든 인물이 자신들이 그려져 있는 화폭의 구석구석까지 다 과학적으로 조사한다고 해서 렘브란트를 발견할 수 있을까? 초콜릿 케이크의 요소들이 그 케이크 안의 다른 모든 요소에 대한 과학적 실험을 한다면 그 케이크를 구운 사람을 찾을 수 있을까?

그리스도인에게 하나님의 존재에 대한 과학적 증거를 대라는 무신론자들의 논리가 바로 이와 같다. 도무지 말이 되질 않는다. 철저히 그릇된 추론이다. 이 역시 가짜 허수아비다. 하나님이 우주를 창조하셨다는 사실을 보여 주는 '합리적인' 증거가 널려 있다. 하지만 그 증거의 본질은 과학적이지 않다. 무신론자들은 이 두 가지 '앎'의 명백한 차이조차 구분하지 못하고 있는 듯하다. 그들은 과학의 한계를 이해하지 못하며, 과학이 인간 지식 전체와 어떻게 연결되는지에 관한 더 깊은 질문을 던지지 않는다.

이것이 매우 심각한 지적 장애다. 사실, 이 장애를 지칭하는 명칭도 존재한다. 그 명칭은 바로 '과학만능주의'(scientism)로, "모든 합리적인 지식을 과학적 형태의 지식으로 축소시키는 것"을 의미한다.

오늘날 유명한 무신론자 작가들은 하나같이 과학만능주의의 함정에 빠져 있다. 물론, 그들의 로봇과도 같은 제자들도 마찬가지다.

그들 모두는 지나치고도 우둔한 주장을 펼치고 있다. "과학으로 증명할 수 없으면 실재하지 않는다."

정말 그런가? 오직 '과학적' 실재만이 유일한 실재인가? 그렇다면 사랑이나 행복, 비극, 희망 같은 현실은 무엇인가? 문학이나 음악, 미술 같은 현실은 어떠한가? 상식이나 직관 같은 현실은 어떻게 보아야 하는가? 역사나 믿을 만한 증언 같은 현실에 대해서는 어떻게 설명할 것인가? 영적 세계와 같은 현실은 실재하는가?

이 모두가 존재하지 않는 허상인가? 그렇지 않다. 삶에는 과학적으로 규명할 수 없는 것들이 많다. 앞서 말했듯이 과학은 "왜 세상은 무가 아닌 유인가? 왜 생명이 존재하는가? 왜 생각이 존재하는가?"와 같은 질문에 답한 적도 없고, 답할 수도 없다.

이런 질문은 과학으로 답할 수 없다. 이유는 간단하다. 이것들은 애초에 과학적인 질문이 아니기 때문이다. 이것들은 철학적인 질문이다. 따라서 이런 질문에 대해 과학적인 방식을 적용하는 것은 무의미하다. 이런 질문에 대해 경험적인 관찰이나 실험은 불가능하다. 과학은 이런 영역에 적용 불가능하다. 미술과 문학, 음악, 시, 사랑에 관한 사실을 증명하려는 시도는 무의미하다.

다시 말하지만, 이것은 더 깊은 형태의 사고다. 무신론자들은 좀처럼 이런 사고를 하지 않는다. 그들은 "인간이 알 수 있는 사실에는 어떤 종류가 있는가? 하나님이라는 개념이 이 범주들 중 하나에 속하는가?"라는 질문을 던지지 않는다. 그들은 앞뒤가 맞지 않는 낡은 논리만 끝없이 반복할 뿐이다. "성경은 하나님이 존재하지 않는다는 사실을 증명한다. 종교는 하나님이 존재하지 않는다는 사실을 증명한다. 진화는 하나님이 존재하지 않는다는 사실을 증명한다. 과학은 하나님이 존재하지 않는다는 사실을 증명한다. 우주의 복잡성은 하나님이 존재하지 않는다는 사실을 증명한다. 응답되지 않은 기도는 하나님이 존재하지 않는다는 사실을 증명한다. 지식인 중에 무신론자가 무수히 많다는 사실은 하나님이 존재하지 않는다는 사실을 증명한다. 천국을 향한 갈망은 하나님이 존재하지 않는다는 사실을 증명한다. 지옥이란 개념은 하나님이 존재하지 않는다는 사실을 증명한다. 고난은 하나님이 존재하지 않는다는 사실을 증명한다."

하지만 이 모든 주장은 헛된 소리다. 이 모든 주장에 대해 합리적이고도 이성적으로 답할 수 있다. 단, 그렇게 하려면 이런 주장이 비논리적일 뿐 아니라 무신론자들이 사용하는 용어 자체가 왜곡된 것인 이유부터 증명해 보여야 한다. 이런 주장이 왜 허수아비 논법인지를 증명해 보여야 한다. 예를 들어, 무신론자들이 기독교의 지옥 개념이 너무 끔찍해서 하나님을 믿을 수 없다고 말할 때 우리가 가장 먼저 해야 할 것은 지옥에 관한 그들의 잘못된 관념을 바로잡는 것이다. 무신론자들이 성경 속의 하나님이 너무 잔인해서 그런 신을 받아들일 수 없다고 말할 때 우리가 가장 먼저 해야 할 것은 하나님에 관한 그들의 어리석은 관념을 바로잡는 것이다. 무신론자들이 응답되지 않은 기도가 너무 많아서 기도하는 것이 어리석은 짓이라고 말할 때 우리가 가장 먼저 해야 할 것은 기도에 관한 그들의 유치한 관념을 바로잡는 것이다.

그러려면 시간이 걸린다. 고민이 필요하다. 노력이 요구된다. 하지만 안타깝게도 무신론자들은 이런 차원의 논쟁에 필요한 지적 노력을 하려고 하지 않는다. 계속해서 앞뒤가 맞지 않는 공격에 시간만 낭비할 뿐이다.

그렇다면 도대체 왜? 왜 그들은 하나님의 존재에 관한 진정한 철학적 신학적 질문을 던지지 않는 것일까?

예를 들어, 왜 그들은 작동 원인(efficient causality, 원인 없는 제일 원인)이라는 질문을 다루지 않는 것일까? 왜 그들은 무한대의 원인성(infinite contingencies, 우주가 '반드시' 존재해야만 하는지 혹은 존재하지 말아야 하는지)이라는 질문을 다루지 않는 것일까? 왜 그들은 우주가 '이해될 수 있다는 개념'(intelligibility)에 관한 질문을 다루지 않는 것일까? 왜 그들은 자유의지와 인간 영혼이라는 질문을 다루지 않는 것일까? 왜 그들은 지적 설계라는 질문(그들이 항상 제대로 답하지 않고 무시하는 질문)을 다루지 않는 것일까?

이런 주제에 관해서는 나중에 더 이야기하겠지만 일단은 무신론자들이 이런 것에 관한 솔직한 지적 토론에 참여하지 않고 있다는 점을 기억하고 넘어가자. 사실, 분노에 찬 책과 블로그를 쓰는 비그리스도인들의 대부분은 이런 주제를 논하기는커녕 제대로 이해조차 하지 못하고 있다. 그들의 관심사는 오로지 허수아비를 쓰러뜨리는 데 있다. 그 이유는 무엇일까?

필시 허수아비가 쉬운 적이기 때문일 것이다. 허수아비는 뇌가 없어서 반박할 수 없다. 허수아비는 논리적 흠과 그릇된 추론을 지적

할 수 없다. 아니, 허수아비는 싸울 시도조차 하지 않는다. 바로 이 점이 무신론자들이 허수아비를 그토록 좋아하는 이유다. 그런 의미에서 무신론자들의 실체는 약자를 괴롭히는 자들이다. 그리고 약자를 괴롭히는 자들의 실체는 자신만한 사람과 싸우기를 두려워하는 겁쟁이들이다.

바로 이것이 다음 장에서 다룰 주제다. 현대 무신론 운동을 이끌고 있는 겁쟁이 군단에 대해 살펴보자.

오늘날 유명한 무신론자들은
'과학만능주의'의 함정에 빠져 있다.

Inside the Atheist Mind

6.

무신론자들의 비겁함

기독교는 공격하지만 이슬람교도는 눈감다

지금까지 우리가 살핀 무신론자들에게 특히 적용되는 영적 법칙이 하나 있다. 물론 이 법칙은 과학적으로 증명될 수는 없지만 그럼에도 엄연한 사실이다. 이 법칙은 바로, 악을 행해서 선해질 수 없다는 것이다.

인생의 한 영역에서 습관적으로 악을 행하면 다른 영역에서도 악을 행하게 된다. 이것은 매일 아침 어김없이 태양이 떠오르는 것처럼 자명한 이치다. 개인적인 삶과 일적인 삶은 각 영역이 다른 영역에 영향을 미치지 않도록 충분히 분리될 수 있지만 도덕적인 삶은 그럴 수 없다. 도덕적인 영역에서는 적어도 그런 상태를 오랫동안 유지할 수는 없다.

예를 들어, 습관적으로 도둑질을 하는 사람이라면 가정에 충실한 사람이 될 수 없다. 그렇게 가정에 충실하지 않고 불륜을 일삼는 사람이라면 정직할 리가 없다. 그렇게 습관적으로 거짓말을 하면 지혜로울 수가 없다. 마약을 팔아 생계를 유지하는 사람이 모범시민이 되고 개인적으로 올바른 삶을 살 리가 만무하다. 포르노 산업에 종사하는 사람이 배우자를 사랑하고 존중하며 배우자의 신뢰를 저버리지 않을 가능성은 지극히 희박하다. 잠깐은 그런 척할 수 있지만 장기적으로 그렇게 살기란 불가능하다. 모든 선이 서로 연결되어 있는 것처럼 교만, 폭식, 음욕, 게으름, 거짓말 같은 모든 악은 불가사의한 방식으로 서로 연결되어 있다.

하나님을 믿는 사람들은 이 현상을 두 가지로 설명할 수 있다. 일단, 빛을 떠나면 어둠에 휩싸일 수밖에 없다는 비유적 설명이 가능하다. 하나의 선을 떠나면 자연스럽게 '모든' 선으로부터 멀어질 수밖에 없다. 신학적인 설명도 가능하다. 습관적인 죄에 빠지면 실제로 의지력이 망가진다. 의지력은 선을 행하고 악을 피할 힘을 주는데, 한 가지 악을 습관적으로 저지르면 그 의지력이 약해지면서 점점 다른 악들과도 제대로 싸우지 못하게 된다.

의지력이 약해지면 궁극적으로 삶의 모든 면에서 통제력을 잃는다. 지력이 어두워지면 옳은 것을 볼 수 없게 된다. 육체가 약해지면서 시험과 제대로 싸울 수 없게 된다. 그렇게 모든 면에서 무력해진다. 이것은 왼발과 오른발이 각기 다른 방향으로 움직이는 상황과도 같다. 어디로도 갈 수 없게 된다. 한 자리에 묶이게 된다. 혹은 양발로 액셀과 브레이크를 동시에 밟고 있는 상황과도 같다. 그렇게 하면 자동차가 급정거를 해서 전진을 못할 뿐 아니라 점점 이곳저곳이 고장이 나기 시작한다.

요컨대, 한 분야에서의 도덕적 행위는 다른 분야에서의 도덕적 행위에 영향을 미친다. 한 가지 나쁜 짓을 하는 습관에 빠지면 결국 다른 나쁜 짓들도 시작하게 된다. 악을 행해서는 선해질 수 없다.

자, 이제 무신론자 이야기를 시작해 보자. 이들이 수많은 영역에서 지독히 악해 보이는 것도 무리는 아니다. 그들은 어느 한 영역에서만 실수를 하거나 한 가지 질문에 관해서만 틀린 것이 아니다. 그렇다면 그나마 그들과 호의적인 논쟁을 벌일 수 있을 것이다. 하지만 그들은 하나님에 관한 논리에서만 틀린 것이 아니다. 지금까지 우리는 그들이 오만하고 무지하고 기만적이고 무례하고 관용과 용서를 모르고 무자비하고 지독히 어리석다는 점을 살펴보았다. 하지만 아직 나는 절반밖에 말하지 않았다!

사람이 이런 유독한 상태에 오랫동안 빠져 있으면 그의 인격이 어떠할지 뻔하다. 무신론자들이 사회적 행동의 전 범위에서 대체로 무례하고 비열하고 야비한 것은 너무도 당연하다. 예를 들어, 이전 장에서 우리는 무신론자들이 반격할 수 없는 허수아비와 싸우는 것을 지독히 좋아한다는 점을 살펴보았다. 이런 특성은 그들이 항상 행하는 한 가지 강력한 악에서 비롯한다. 그 악은 바로 지적, 물리적 '비겁함'이다.

예를 들어, 모든 사람이 크리스토퍼 히친스를 현대 무신론자들의 우두머리 중 한 명으로 꼽는다. 글 솜씨가 뛰어날 뿐 아니라 재빠른 두뇌 회전과 유머로 논쟁을 지배하는 그는 수많은 젊은 무신론자 추종자들의 우상이다. 하지만 그가 누구를 가장 혐오스럽고 경멸스러운 적으로 지목했는지 아는가? 바로 캘커타의 작은 성녀 마더 테레사다!

농담이 아니다. 히친스는 《자비를 팔다》(*The Missionary Position*)라는 지독히 무례하고 무자비한 책에서[1] 온 세상이 20세기의 가장 위대한 인도주의자로 사랑해 마지않는 가톨릭 수녀를 향한 무신론적 분노를 가감 없이 쏟아냈다. 마더 테레사는 불쌍한 사람들을 돌보는 사랑의 선교 수녀회를 설립했다. 이곳의 수녀들은 아시아와 아프리카, 남미의 빈민들을 돕고 홍수나 유행병, 기근이 일어난 곳마다 어김없이 찾아가 구호 활동을 펼친다. 그들은 북미와 유럽, 호주에 수많은 집과 학교, 고아원, 병원, 호스피스 시설을 짓고서 나병 환자와 알코올 중독자, 노숙자, 에이즈 환자들을 돌보고 있다.

마더 테레사는 60년간 인도의 가장 더러운 빈민가에서 살면서 사역했다. 히친스가 '지옥의 천사'라고 조롱한 이 겸손한 여인은 150센티미터가 될까 말까 한 연약한 몸으로 빈민과 죽어가는 자들을 섬기는 데 일생을 바쳤다.[2] 그녀는 1979년 노벨 평화상을 받았으며 전 세계인들에게 자선과 이타주의의의 상징이 되었다. 인종과 종교, 국적을 막론한 모든 사람이 이 작은 성녀의 선한 마음을 알아보고 있다. 그런데도 히친스에게 마더 테레사는 '괴물'에 불과했다. 왜일까?

히친스가 마더 테레사를 경멸했던 것은 가톨릭 수녀로서 그녀가 이혼과 낙태, 피임에 반대했기 때문이다. 히친스의 입장에서 이것들은 인구 과잉과 빈곤을 억제하기 위한 효과적인 수단일 뿐이다. 그래서 그는 마더 테레사를 위선자로 욕했다. 심지어 그는 테레사가 가난한 자들을 위해 그토록 열심히 일하는 '진짜' 이유가 그들을 돕는 것이 아니라 오히려 가난을 '조장하는' 것이라고 주장했다. 그녀가 오로지 자신이 세운 단체를 유지할 목적으로 가난을 온 세상에 퍼뜨리려고 하고 있다고 주장했다.[3] 히친스에 따르면, 바로 이것이 마더 테레사가 사회에서 버린 사람들을 돕기 위해 수많은 시간을 투자하는 이유다. 이 얼마나 황당한 주장인가.

하지만 남들을 괴롭히기 좋아하는 이 현대 무신론자의 왜곡된 생각은 이 황당무계한 이론이 그렇게 합리적일 수가 없다. 어떻게 그럴 수 있을까?

저자 프레스톤 니(Preston Ni)는 〈사이콜로지 투데이〉(Psychology Today)지에 기고한 흥미로운 글에서 이렇게 말했다. "남들을 괴롭히는 자들에 관해서 기억해야 할 가장 중요한 점은 그들이 자신보다 약해 보이는 사람들을 괴롭힌다는 것이다. 따라서 수동적이고 순응적으로 굴면 그들의 표적이 될 수밖에 없다. 한편, 남들을 괴롭히는 자들도 속으로는 겁쟁이들이다."[4]

속으로는 겁쟁이들! 이 사실은 무신론자들에 관한 많은 것을 설명해 준다. 예를 들어, 무신론자들이 독실한 그리스도인들에 대해서는 그토록 격렬한 비난을 쏟아내면서 이슬람 근본주의자들에 관해서는 이상하게 조용한 이유를 설명해 준다. 지난 몇 년 사이에 무신론자들이 발표한 반기독교 서적들에 관해 생각해 보라. 지금까지 우리는 《신은 위대하지 않다》와 《만들어진 신》, 《종교의 종말》, 《기독교 국가에 보내는 편지》(Letter to a Christian Nation)만 언급했지만 이 외에도 수많은 책이 더 있다. 예를 들어, 다음과 같은 책들이 있다.

- 《지상의 위험한 천국》(American Fascists : The Christian Right and the War on America)
- The Baptizing of America : The Religious Right's Plans for the Rest of Us(미국의 세례)
- 《우주에는 신이 없다》(Atheist Universe : The Thinking Person's Answer to Christian Fundamentalism)
- All That's Wrong with the Bible : Contradictions, Absurdities, and More(성경의 잘못된 점들)
- God Needs to Go: Why Christian Beliefs Fail(신은 사라져야 한다)

그저 몇 권만 소개했을 뿐이다. 그런데 이슬람 근본주의의 위험을 경고하는 무신론자의 책들은 어디에 있는가? 이슬람 극단주의자들의 폭력을 비난하는 무신론자의 블로그들은 어디에 있는가? 정말로 무신론자들은 기독교가 이슬람 테러리스트들보다 세계에 더 큰 위협이 된다고 생각하는 것인가?

물론 새로운 무신론자들 중에도 이슬람교를 비판한 자들이 있다.

대표적인 예가 빌 마허다. 하지만 그는 예외적인 경우일 뿐이다.[5] 대부분의 무신론자 저자들은 미국과 유럽 전역을 돌며 기독교의 리더들과 가치들을 맹비난해 왔다. 하지만 사우디아라비아나 수단, 이집트처럼 이슬람교가 지배하는 국가에서 하나님을 비난하는 강연을 한 무신론자는 몇이나 되는가? 그런 국가에서 이슬람 학자들과 논쟁을 한 무신론자는 몇이나 되는가? 알자지라(Al Jazeera) 방송에서 인터뷰를 한 무신론자는 몇이나 되는가?

이 건방진 무신론자들은 유독 예수 그리스도와 기독교에 대해서만 차마 입에 담을 수도 없는 저속한 표현을 서슴지 않았다. 하지만 알라나 마호메트를 공개적으로 비난한 무신론자는 몇이나 되는가? 이 오만한 무신론자 저자들은 기독교 교회가 반여성적 입장을 취한다며 수시로 독설을 뱉어왔다. (한 무신론자 저자는 페이스북에 너무도 참담한 글을 올렸다. "마리아가 낙태를 했다면 지금과 같은 혼란은 없을 것이다!")[6] 하지만 훨씬 더 반여성적인 이슬람 세계의 억압적인 법들에 대해 쓴소리를 내뱉는 무신론자는 몇이나 되는가? 이슬람교의 법에 따르면 여성이 간음으로 '고소'를 당하기만 해도 돌에 맞아 죽는다는 사실을 정녕 모른단 말인가? 하지만 무신론 진영은 이런 거짓 정의에 대해서는 한마디도 하지 않는다. 대신 그들은 애꿎은 마더 테레사에 대해서만 마녀 사냥을 벌이고 있다!

베스트셀러 작가이자 학자인 랍비 다니엘 라핀(Daniel Lapin)은 무신론 진영이 공개 발언에서 의식적으로 위선적인 태도를 취해 왔다고 주장한다. "그들은 기독교 원칙 위에 세워진 편안하고도 안전한 국가

안에 머물면서 대략 90퍼센트는 기독교에 대해, 나머지 10퍼센트는 다른 종교들에 대해 비난을 퍼붓고 있다(사실, 이것도 너무 관대하게 추정한 수치다).["7]

하지만 도대체 왜 무신론자들은 그리스도인들에 대해서는 무자비하게 조롱하면서 이슬람교도들의 훨씬 더 공격적이고 비인간적인 행동들에 대해서는 아무런 말도 하지 않고 있는가?

한 유명한 무신론자 교수는 무신론 진영에서는 매우 드물게 진실을 솔직히 인정했다. 그는 캘리포니아 주 클레어몬트 피처 대학(Pitzer College)에서 세속적인 학문을 가르치며 기독교와 유대교를 비판하는 유명한 블로그를 운영 중인 필 주커먼(Phil Zuckerman) 박사다. 그는 조지타운 대학(Georgetown University)에서 벌어진 종교 자유에 관한 토론에서 다음과 같은 발언을 했다.

> 왼쪽에 앉은 분들이 기독교를 비판하고 조롱하는 것은 절대적으로 옳다고 생각합니다. 하지만 이슬람교는 무사통과하고 있으니 정말 이상합니다. 여러분이 여성의 권리와 인권을 걱정하신다면, 동성애자의 권리를 걱정하신다면, 이슬람교야말로 더 큰 문제입니다. 정말 미안한 말이지만 이슬람교가 훨씬 더 파괴적입니다. … 제가 블로그에서 이슬람교를 비난하지 않는 것은 단지 두려움 때문입니다. 제겐 어린 세 자녀가 있거든요. … 기독교나 모르몬교에 대해서는 어떤 말을 해도 두려움에 떨 필요가 없습니다.[8]

주커먼은 계속해서 이렇게 말했다. "지구상에서 무신론자들을 사형시키는 곳은 어디인가? 그런 곳은 오직 스물네 개의 이슬람 국가뿐이다. 그렇다면 어디서 인권이 가장 신장했는가? 기독교 국가에서다."[9]

바로 이것이다. 무신론자들은 예수님에 대한 그리스도인들의 믿음만큼이나 알라에 대한 이슬람교도들의 믿음에 반대한다. 하지만 이슬람교에 대해서는 두려워서 감히 비판의 소리를 내지 못하고 있다. 영화계, 언론계, 학술계, 출판계의 무신론자들은 이슬람교에 관해 너무 심한 말을 하면 이슬람 과격분자들이 물리적인 보복을 가해올까 봐 두려워하고 있다. 그래서 이슬람교에 대해서는 반대의 목소리는 내지 못하고 훨씬 만만해 보이는 기독교만 공격하고 있다.

바로 이것이 남들을 괴롭히는 자들이 전형적으로 보이는 비겁한 행동이 아닌가. 그들은 자신과 엇비슷한 상대는 건드리지 않는다. 언제나 다른 뺨도 돌려댈 것 같은 상대만 물고 늘어진다. 참으로 경멸스럽다. 무신론자들이 그리스도인들에게 퍼붓는 비난의 절반 정도만 이슬람교도들에게 퍼부어도 최소한 그들의 신념과 용기만큼은 존중해 줄 수 있을텐데 말이다.

사실, 무신론자들의 주된 심리 상태는 바로 두려움이다. 지난 장에서 살폈듯이 무신론자들은 진정한 논쟁을 두려워한다. 그래서 제멋대로 만들어 낸 가짜 허수아비와 싸우는 편을 선호한다. 무신론자들은 역사를 두려워한다. 그래서 역사에 대해 철저히 눈을 감은 채 극도의 무지 상태를 유지한다. 무신론자들은 솔직해지는 것을 두려워한다. 그래서 큰 거짓말들을 사용해 적들을 중상한다. 무신론자들은 민주주의를 두려워한다. 그래서 자신과 다른 의견들을 잠재우기 위한 수단으로 무자비한 억압과 위협을 사용한다. 무신론자들은 안이나 밖이나 철저히 비겁한 겁쟁이들이다. 그들의 문화는 그야말로 '겁쟁이의 문화'다.

심지어 무신론자들은 자기 철학에 관한 진실을 직시하는 것조차 두려워한다. 그들은 무신론자가 무엇인지에 관해서 스스로를 속이고 있다. 예를 들어, 그들은 무신론이 도덕적 행위와 아무런 상관이 없다고 주장한다.

이런 주장은 말이 되지 않을 뿐 아니라 무신론 사상의 역사를 거스르는 짓이다. 과거의 유명한 무신론 철학자들이 쓴 글을 조금만 읽어보면 현대 무신론자들이 지적으로 얼마나 소심하고 비겁한지를 똑똑히 확인할 수 있다. 19세기의 무신론자들이 자신들을 계승한 현재의 무신론자들을 본다면 부끄러워하고 심지어 역겨워할 것이 분명하다.

예를 들어, 프리드리히 니체 같은 사람들은 하나님이 없으면 절대적인 도덕적 기준이 있을 수 없다는 점을 정확히 이해하고 있었다. 절대적인 존재가 없으면 절대적인 법을 제정할 존재가 없는 셈이다. 그렇다면 절대적인 법도 없다. 히친스나 도킨스, 해리스 같은 현대 무신론자들과 달리 옛 무신론자들은 이 점을 과감하고도 솔직하게 인정했다. 그런 의미에서 그들의 사상은 지금보다 더 논리적이었다.

니체는 유명한 무신론에 관한 책 《선악의 저편》(*Beyond Good and*

Evil)에서 다음과 같이 썼다.

> 잔인, 폭력, 노예 제도, 길거리와 마음속의 위험, 비밀스러움, 금
> 욕, 유혹자의 기술, 악한 영향력 … 인간 속의 모든 악하고 소름끼
> 치고 압제적이고 약탈적이고 교활한 것은 그 반대의 것들만큼이
> 나 인류의 개선에 도움이 된다. … 우리는 이런 종류의 인간, 곧
> 자유로운 영혼들이다! … 고귀한 종류의 인간은 자신을 가치의
> 결정자로 여긴다. … 그는 가치의 창출자다. [10]

니체는 무신론자가 자유로운 영혼이 되어야 한다고 믿었다. 종교
적인 억압의 족쇄를 벗어던지고서 무엇이든 원하는 대로 자유롭게 할
수 있는 영혼이어야 한다고 주장했다.

니체의 철학에서는 얼마든지 선악을 초월(beyond good and evil)해도
된다. 왜냐하면 하나님이 없으면 사실상 선악 자체가 없기 때문이다.
선악은 인간이 만들어 낸 허상일 뿐이기 때문이다. 무엇이 선인지 악
인지는 오로지 개인적이고도 실용적인 목적에 따라서만 결정된다. 이
것이 니체가 자신의 추종자들에게 '초인간'이 되라고 강권한 이유다.
선악이라는 개념이 강자가 약자를 지배하지 못하도록 막기 위해 종교
가 인위적으로 만들어 낸 제약일 뿐이라는 점을 이해하는 인간을 실
제로 니체는 경멸했다. 그는 적자 생존뿐 아니라 최강자의 생존을 지
지하는 무신론적인 사회진화론을 받아들였다.

하긴, 그럴 수밖에 없었다. 하나님이 존재하지 않는다면 약자를

보호할 객관적인 도덕법은 있을 수 없기 때문이다. 아니, 객관적인 도덕법이라는 것 자체가 존재할 수 없다.

이 점을 잘 기억하라. 이 점이 현대 무신론자들이 그토록 심한 지적 겁쟁이들인 이유를 보여 주는 이유이다. 무신론자들이 선한 사람일 수 없거나 도덕적으로 책임감 있는 행동을 할 수 없거나 약자를 보호할 수 없다는 뜻이 아니다. 그들도 얼마든지 그렇게 할 수 있다. 꼭 하나님의 존재를 믿는 사람만 살인이나 거짓말, 사기에 반대할 수 있는 것은 아니다.

여기서 요지는 그런 것이 아니다. 살인이 잘못이라고 말하는 무신론자는 단순히 자신의 '개인적인 신념'에서 그렇게 말하는 것일 뿐이다. 그가 살인을 반대하는 이유는 단순히 살인이 불쾌해서일 수 있다. 남들의 고통에 깊이 공감해서일 수도 있다. 사회의 생존을 위해서는 살인이 허용되지 말아야 한다고 생각해서일 수도 있다. 크리스토퍼 히친스는 마더 테레사를 공격한 뒤 자신감에 차서 무신론적인 도덕관을 옹호하는 발언을 했다. "위증과 절도, 살인, 강간을 허용하면 사회가 버틸 수 없다는 걸 안다."[11] 그래서 그는 무신론자라도 신자들이 반대하는 범죄들을 반대할 수 있다고 주장했다.

물론 그럴 수 있다! 살인이 사회에 해롭고 비생산적이라고 생각하기 위한 수만 가지 다른 이유가 존재한다. 하지만 그 모든 이유는 '도덕적 구속력'을 갖지 못한다. 그 모든 이유는 존재론적인 혹은 객관적인 도덕 기준에서 비롯한 이유가 아니다. 그 모든 이유는 살인 자체가 잘못되었다는 점을 보여 주지 못한다. 따라서 그 모든 이유는 사람들에게 살인을 하지 않도록 '강제할' 근거가 될 수 없다.

이런 객관적인 도덕의 부재는 과거에 살인적인 무신론 정권이 그
토록 많았던 이유를 설명해 준다. 하나님이 없다면, 절대 권력을 손에
넣은 무신론자가 잔인한 행동을 원해도 그것을 자제할 초월적인 의무
가 없다. 하나님이 없다면 객관적인 도덕은 존재할 수 없다. 오직 사
회를 초월하는 하나님만이 인간에게 '반드시' 이렇게 저렇게 행동해야
하며 그렇지 않으면 초월적인 법을 어기는 것이라고 말할 수 있다. 다
시 말해, 초월적인 전능자가 없다면 절대 어겨서는 안 될 초월적인 법
같은 것은 있을 수 없다.

요지는, 무신론자가 선하게 행동할 수는 있지만 그것은 '꼭' 그래
야 한다고 생각하기 때문이 아니다. 하나님이 없으면 도덕률은 단순
히 개인적인 규칙의 집합일 뿐이다. 다시 말해, 입맛에 맞는 아이스크
림을 고르는 것처럼 취향이나 의견의 문제일 뿐 모든 사람에게 도덕
적으로 구속력을 갖는 객관적인 명령은 아니다.

이것이 옳은 논리이며, 19세기의 무신론자들은 이 점을 이해했
다. 그들은 자신들의 무신론에 대해 매우 진지했다. 그들은 추종자들
을 모으기 위해 자기 철학의 논리를 속이지 않았다.

하지만 현대의 무신론자들은 이 진실을 인정하려고 하지 않는다.
그들은 서로 모순된 두 가지를 모두 가지려고 한다. 그들은 도덕성이
동정심이나 고통을 피하려는 마음, 사회 개선의 필요성에서 비롯할
수 있다는 거짓말을 계속하고 있다. 그들은 무신론이 도덕적 행동에
아무런 영향을 미치지 않는다는 거짓말을 계속하고 있다. 그들은 무

신론자들이 신자들만큼이나 선하고 친절하며 법을 잘 지킨다는 거짓 말을 하고 있다. 그렇게 그들은 무신론에 관한 진실을 직시하지 않으려고 한다. 무신론에서 도덕은 개인적인 취향과 편의에 따라 변하는 상대적인 개념일 뿐이다. 그래서 무신론은 어떤 종류의 일관된 도덕 체계도 유지시킬 수 없다. 오직 무자비한 힘으로 특정한 행동을 강요할 수만 있을 뿐이다.

왜 무신론자들은 이 빤한 사실을 인정하지 않으려고 하는 것일까? 배리 애링턴(Barry Arrington)은 블로그 언커먼 디센트(Uncommon Descent)에서 그 답을 이렇게 제시했다. "그들은 바보같이 히죽거리는 겁쟁이들이기 때문이다!"[12]

니체 같은 무신론자에 대해서는 의견은 달라도 존중을 할 수 있다. 최소한 그는 논리적으로 일관된 모습을 보이고 있기 때문이다. 하지만 애링턴이 말하는 "하나님은 죽었고 우리도 당신만큼 착하기 때문에 다 괜찮을 것이라고 주장하는 줏대 없고 비겁한 무신론"에 대해서는 코웃음밖에 나오지 않는다.[13]

오늘날 책을 쓰고 블로그에 글을 올리는 무신론자들을 보면 필시 니체도 코웃음을 칠 것이다. 물론 하나님께 반대하는 니체의 철학은 틀렸다. 결국 그는 미쳐서 비극적인 생을 마감했다. 하지만 최소한 그는 솔직하고 용감했다. 반면, 현대의 무신론자들은 그렇지 못하다.

마지막으로, 무신론자들의 비겁함을 논할 때 현대의 무신론자들이 심지어 자신의 인간 본성조차도 두려워한다는 점을 꼭 짚고 넘어가야 한다. 그들은 기본적인 인간 심리와 욕구를 두려워한다. 이것은 매우 지독한 형태의 비겁함이다. 그래서 더욱 진지한 고찰이 필요하다.

앞서 언급했던 로버트 배론 주교는 새로운 무신론자들에 관한 장시간 강연을 여러 번 진행했다. 그때 인간 본성에 대한 이러한 두려움을 지적하면서 다음과 같이 말했다.

> 인간의 내면 깊은 곳에는 진리, 사랑, 선, 아름다움, 믿음, 정의 같은 것에 대한 자연적인 욕구가 있습니다. 이것들은 물질이 아닙니다. 이것들은 물질세계를 초월합니다. 이것들의 본질, 말하자면, 영적입니다.[14]

이것이 인간이 물질만으로는 진정으로 만족하지 못하는 이유다. 물질이 아무리 풍부해도, 심지어 이 세상이 주는 모든 쾌락을 누려도, 우리는 여전히 다른 것을 갈망한다.

이 사실이 무신론자들에게는 곤란한 문제다. 그들의 물질주의적인 세계관에 따르면 인간은 동물에 불과하다. 다른 동물보다 좀 더 지능이 뛰어나기는 하지만 어디까지나 동물이다. 그런데 동물은 만족시키기가 그리 어렵지 않다. 예를 들어, 개에게는 먹이와 물을 큼지막한 그릇에 가득 담아 주고 충분히 놀아 준 뒤에 편히 잘 따뜻한 자리를 마련해 주면 완벽히 만족한다. 늘 그렇게만 해 준다면 그 개는 세상에서 더 이상 행복할 수 없을 만큼 행복할 것이다.

하지만 인간은 다르다. 우리가 현대 무신론자들의 주장처럼 '뇌

만 더 큰 개들'이라면 단순히 많은 돈과 큰 집, 화려한 휴가, 섹스, 물질
적인 편안만으로 완벽히 만족해할 것이다. 그러고 나서 개처럼 불가
에 누워 노곤하게 잠이 들면 더 이상 아무것도 바라지 않을 것이다.[15]

문제는 우리가 그렇지 않다는 것이다. 오히려 세상이 줄 수 있는
모든 좋은 것을 다 경험했을 때 부족하다는 것을 가장 절실히 느낀다.
그렇게 완벽한 상황에서도 우리는 세상을 초월하는 무엇인가에 대해
여전히 갈망을 느낀다. 그 순간, 우리는 단순히 지능이 뛰어난 동물이
아니라 뭔가 불가사의한 영적 요소를 지닌 존재라는 사실을 전에 없
이 분명히 깨닫는다.

하나님을 믿는 사람들에게 이런 '초자연적인 욕구'는 전혀 문제
가 되지 않는다. 그리스도인에게 그 욕구는 오히려 너무도 당연한 것
이다. C. S. 루이스(Lewis)는 우리가 진선미 등에 대해 느끼는 갈망이
사실상 하나님에 대한 갈망이라고 말했다. 진선미 같은 것은 하나님
의 여러 측면이기 때문이다. 이것들은 다양한 각도로 비치는 하나님
의 '반사된 모습들'이다. 그리고 우리가 이것들에 대해 느끼는 갈망은
하나님이 특별한 이유로 우리 안에 두신 것이다. 그 이유는 바로 우리
가 그분을 찾게 만드시려는 것이다. 사실, 하나님은 우리의 '연료'다.
우리는 이 연료로 움직이도록 설계되었다.[16] 성 아우구스티누스(Saint
Augustine)의 표현을 빌자면 하나님 안에서 쉬기 전까지 우리의 마음은
쉴 수 없다.[17]

성경은 막대한 부와 권력을 손에 넣었지만 결국 행복을 손에 넣
지 못한 왕들의 이야기로 가득하다. 전도서의 유명한 구절처럼 "모든

것이 헛되다." 그리스도인들에 따르면 하나님이 이런 이야기를 통해 가르치시려는 교훈은 인간 행복이란 수수께끼의 열쇠가 더 많은 부가 아니라는 점이다. 그 열쇠는 삶의 우선순위를 바꾸고 초월적인 영적 가치를 최우선으로 삼는 것이다. 진리, 사랑, 선, 아름다움, 믿음, 정의가 돈, 섹스, 권력, 명성, 재물, 명예 앞에 위치해야 한다. 다시 말해, 하나님이 가장 먼저이며 다른 모든 것은 그 뒤여야 한다. 이것이 행복을 위한 올바른 시각이다. 이런 욕구가 이생에서 '완전히' 충족될 수는 없지만 최소한 우리는 저 천국에서 하나님과 온전히 연합할 날을 고대할 수 있다. 그때 우리는 완벽한 행복을 누리게 될 것이다. 따라서 인생의 어떤 고난 속에서도 우리는 미래에 대한 희망을 품을 수 있다.

물론 하나님을 믿지 않는 자들은 이런 사고방식을 거부한다. 하지만 그로 인해 그들은 문제에 봉착한다. 하나님과 영적 실재가 없다면 이 초월적인 욕구는 도대체 무엇이란 말인가? 이 욕구는 어디서 오는 것인가? 우리는 왜 이 욕구를 느끼는가? 더 중요하게는, 이 욕구의 존재가 우리에게 무엇을 의미하는가? 그것이 우리의 행복과 어떤 관련이 있는가?

이 부분에서 현대 무신론자들은 다시 한 번 지독한 비겁함을 보여 준다. 이 부분에서 그들은 자신들이 과거의 불신자들보다 얼마나 더 못났는지를 여실히 보여 준다.

옛 무신론자들, 특히 장 폴 사르트르(Jean-Paul Sartre)와 알베르 카뮈(Albert Camus) 같은 실존주의자들은 인간의 깊은 곳에 이 세상의 그 무엇으로도 만족시킬 수 없는 타고난 욕구가 있다는 점을 이해했다.

그들은 초월적인 것 곧 '신'에 대한 우리의 갈망과 신이 존재하지 않는다는 (그들이 믿는) 사실 사이에 내재한 긴장을 인식하고 있었다. 그들은 이 패러독스로 인해 인생은 비극이라고 결론을 내렸다. 아니, 인생은 부조리다.[18] 생각해 보라. 만족시킬 수도 없는 욕구가 있다는 사실이 얼마나 부조리한가.

이런 부조리와 패러독스를 다루기 위한 그들의 해법은 의지력이었다. 극한의 인내심을 지닌 헤밍웨이(Hemingway) 소설의 주인공처럼 인생의 무익함과 비극, 무의미함을 뼈저리게 '인식하고 인정하면서도' 어떻게든 이를 악물고 살아가야 했다.

선배격인 니체와 마찬가지로 실존주의자 무신론자들의 생각도 엄연히 틀렸지만 최소한 삶을 대하는 그들의 접근법만큼은 용감했다. 그들은 자신들의 입장이 삶에 의미하는 바가 비록 암울하다 할지라도 있는 그대로 받아들이려고 노력했다. 그들은 무신론에 대해 매우 진지했다. 오늘날의 줏대 없고 비겁한 비그리스도인들처럼 경솔하지 않았다. 그들은 인간에게 초월에 대한 갈망이 있으며 이것이 무신론자들에게 문제가 되기 때문에 용감한 삶의 자세가 필요하다는 사실을 인정할 만큼 강인했다.

하지만 오늘날의 무신론자들은 문제를 인정하지 않는다. 그들은 인간에게 초월적인 갈망이 있다는 사실 자체를 인정하지 않는다. 뼛속까지 물질주의자인 그들은 어떤 종류의 영적 실재도 부인한다. 그래서 그들은 과학이 모든 답을 갖고 있다는 어리석은 주장을 펼친다. 그들에 따르면 우리 내면 깊은 곳에 있는 사랑, 우정, 아름다움, 존경, 희망, 가정, 영생에 대한 갈망은 분자의 무의미한 운동에서 비롯한 현상일 뿐이다.

배론 주교가 말했듯이 종교는 '민중의 아편'으로 매도되어 왔다. 하지만 추종자들에게 환각제를 제시하고 있는 것은 오히려 현대 무신론자들이다. 더 많은 것을 향한 내면 깊은 곳의 갈망을 잊어버리게 만드는 마약 말이다. "너한테는 그런 욕구가 없어. 그냥 긴장을 풀고 인생을 즐겨. 이 세상 이상은 없어. 하나님이라는 것은 망상일 뿐이야. 힘들게 너 자신 속을 들여다볼 필요가 없어. 존재의 영적 의미 같은 머리 아픈 실존주의적 질문은 던질 필요가 없어. 중요한 건 오직 과학뿐이야. 중요한 건 오직 물질뿐이야."

세상의 부와 명예를 다 갖고도 지독한 불만족에 시달리는 백만장자와 할리우드 스타, 유명 가수들을 보고도 이 새로운 무신론자들은 계속해서 부인의 삶을 고수하고 있다. 그것은 인간 본성에 관한 진실을 직시하기가 두렵기 때문이다. 내면 깊은 곳의 진정한 욕구를 솔직히 인정하기가 두렵기 때문이다. 그들은 입만 열면 그리스도인들이 죽음을 두려워한다고 주장하지만 사실상 자신들은 '삶'을 두려워하고 있다.

다음 장에서는 삶에 대한 그들의 두려움이 얼마나 심한지를 살펴보고자 한다. 그것은 그들이 다른 모든 것과 마찬가지로 이 단순한 감정까지도 어둡고 비뚤어진 것으로 왜곡시켜야 직성이 풀리는 자들이기 때문이다. 그들은 삶에 대한 두려움에 머물지 않고 그것을 죽음을 향한 음침하고 섬뜩하고 무시무시한 사랑이라는 극단적인 형태로까지 왜곡시켰다. 나아가, 그 사랑을 온 세상에 퍼뜨리려고 한다.

무신론자들이 죽음과 사랑에 빠졌다.

Inside the Atheist Mind

7.

무신론자들의 죽음 중심주의

'허무의 철학'을
복음으로 삼다

4복음서에서 예수님은 자신을 생명으로 소개하면서 사명을 밝히
셨다. "내가 온 것은 양으로 생명을 얻게 하고 더 풍성히 얻게 하려는
것이라."[1] 반대로, 잠언에 따르면 "나(하나님)를 미워하는 자는 사망을
사랑하느니라."[2]

이 단순하면서도 분명한 진리는 성경 곳곳에서 발견된다. 조금
뒤에 무신론 운동의 핵심인 진짜 동기를 다룰 때 이 이야기를 좀 더 하
기로 하자. 여기서는 무신론과 죽음이 하나로 연결되어 있다는 점만
짚고 넘어가겠다.

얼핏 들으면 모순처럼 들린다. 무신론자들은 내세를 믿지 않으니 어떻게든 '이생'을 연장하길 원할 것이라고 생각하기 쉽다. 그들은 내세를 믿지 않기 때문에 현재의 삶을 최대한 지키고 보호하고 소중히 여길 것이라고 생각하기 쉽다. 안타깝게도 전혀 그렇지 않다. 오히려 정반대다.

우리는 무신론자들이 죽음과 사랑에 빠졌다는 도발적인 말로 지난 장을 마무리했다. 사실, 실제 상황은 이보다 더 심각하고 요상하다. 현대 무신론자들은 죽음에 강한 욕정을 느끼고 있다. 그들의 관점 전체에 죽음이 스며들어 있다. 그들의 행동 하나하나에서 죽음이 뚝뚝 떨어진다.

이번에도, 죽음과의 이 기괴하고 섬뜩한 사랑을 이해하려면 역사적 배경을 알아야 한다. 앞서 우리는 볼테르(Voltaire), 루소(Rousseau), 마르크스, 프로이트(Freud), 포이어바흐(Feuerbach), 니체 같은 18세기와 19세기의 중요한 무신론자이자 반기독교 철학자들에 관한 이야기를 했다. 이런 사상가들에 관한 중요한 사실이 있다. 그들의 저작들이 혁명적이었지만 그들이 죽기 전까지는 일반 대중에게 파고들지 못했다는 것이다. 그들이 살아서 자신들의 견해를 설명할 당시에는 대다수 사람들이 기독교 신앙을 고수했다.

그런데 1900년 니체가 사망한 뒤 이런 사상가들의 무신론 철학이 전 세계의 저작들에 스며들기 시작했다. 영국의 줄리언 헉슬리(Julian Huxley), 미국의 존 듀이(John Dewey), 독일의 에른스트 헤켈(Ernst Haeckel), 프랑스의 장 폴 사르트르는 기독교 신앙이 인류의 최대 적이라는 《선악의 저편》(*Beyond Good and Evil*) 저자의 주장에 동의한 대표적인 철학자들이다. 특히, 니체의 제자인 존 듀이는 미국 교육의 아버지로 불린다. 그가 쓴 50권의 책은 미국 현대 학교 시스템의 모든 면에 절대적인 영향을 미쳤다.

무슨 말이냐면, 일부 사람들이 생각하는 것과 달리 오늘날 무신론은 소수의 입장이 아니라는 것이다. 오히려 상황은 정반대다. 대부분의 선진국에서 무신론적 사상은 이미 대세가 되었다. 물론, 그들이 자신의 철학에 대해 '무신론'이란 표현을 사용하는 것은 아니다. 하지만 정작 중요한 것은 용어가 아니다. 유럽과 북미의 무신론은 '실질적인' 형태의 불신에 훨씬 더 가깝다. 지적으로 하나님을 부인하는 현상도 두드러지고 있지만 자신의 삶에서 하나님을 배제하는 현상이 더 큰 문제이다. 다시 말해, 스스로를 무신론자로 부르지는 않지만 유대교나 기독교 같은 종교의 교리를 거부하는 사람들이 많아지고 있다.

요지는, 어떤 문화가 말로 무신론을 표방하느냐보다 무신론적으로 '행동'하느냐가 더 중요하다는 것이다. 필립 쿠차(Philip Kuchar)의 말을 들어보자.

> '실질적인' 무신론자는 자신의 종교적 믿음에 상관없이 무신자처럼 행동하는 사람을 말한다. ··· 과학과 기술의 결합은 ··· 실질적인 무신론 문화를 만들어낸다. 이 문화는 종교가 실질적인 영향을 거의 미치지 못하는 사회다. 일터와 집에서 실제로 종교적 믿음에 따라 행동하지 않고 그 믿음을 한쪽으로 치워두는 사람들은 설령

무신론자라는 단어를 싫어한다 해도 무신론자로 불려야 마땅하다. 이들은 종교 단체들이 아닌 (세속의 단체들이) 주된 영향력을 발휘하는 세속 사회에서 사는 실질적인 무신론자들이다.[3]

지난 세기 동안 우리 사회는 세속적이며 실질적인 무신론 사회였다. 최소한 그 방향으로 빠르게 변해가고 있다. 정부, 언론, 학술계, 엔터테인먼트 산업, 의료계까지 모든 분야가 종교적 믿음을 구석에 미루어 둔 채 세속적 가치에 따라 행동하고 있다. 지금 우리의 문화는 사실상 '무신론 문화'다.[4]

예를 들어, 보통 할리우드 스타들은 니체나 포이어바흐의 철학에 관해 잘 모른다. 하지만 요즘 많은 스타들이 유대 기독교의 도덕을 강하게 거부하고 철저히 세속적인 가치체계에 따라 살고 있다. 다시 말해, 그들은 사실상 무신론자의 삶을 산다.

이는 매우 심각한 문제다. 무신론의 문화를 받아들인 것은 곧 소위 '죽음의 문화'를 받아들인 것이기 때문이다. 이 두 문화는 뗄 수 없는 관계로 연결되어 있다.

'죽음의 문화'라는 표현은 교황 요한 바오로 2세가 1995년 회칙 '생명의 복음'(Evangelium Vitae)에서 여러 번 사용하면서 자주 사용되게 되었다.[5] 이 회칙에서 요한 바오로 2세는 모든 인간 생명의 내재 가치에 관해 말했다. 그는 '임신에서 자연적인 죽음까지' 모든 인간 생명을 환영하고 사랑해 주어야 한다고 말했다.[6] 이 회칙은 인간 생명의 가치가 급속도로 무너지고 현대 문화가 인간 생명을 그 자체로 목적이나

'선'으로 여기지 않고 능률이나 경제적 생산성, 개인적인 편의 같은 다른 목적을 위한 수단으로 여겨왔다고 경고했다. 나아가 이 회칙은 이제 우리가 개인의 권리와 자유라는 이름으로 낙태, 안락사, 불임수술, 사형, 피임, 낙태아를 이용한 배아줄기세포 연구 같은 반생명적 행위들을 정당화하는 새로운 문화 풍토의 한복판에 있다고 경고했다.[7]

요한 바오로 2세는 우리 문화가 죽음에 강하게 끌리고 있다고 말했다. 그는 이런 '생명에 대한 범죄들'이 어떤 의미에서 강자가 약자에게 선포한 전쟁이라면서 "더 많이 받아주고 사랑하고 돌보아 주어야 할 생명이 이제 무용지물이나 감당할 수 없는 짐으로 여겨져 거부를 당하고 있다"라고 말했다.[8] 이 끔찍한 상황 앞에서 우리는 '선과 악, 죽음과 생명', '죽음의 문화'와 '생명의 문화'가 거대하고도 격렬하게 충돌하고 있다는 현실을 분명히 인식해야 한다."[9]

요한 바오로 2세는 사실상 죽음이 세상 모든 문제들의 만병통치약이 되었다는 식으로 말했다. 이제 우리는 어려운 상황을 다루기 위해 굳이 힘들게 사랑과 돌봄, 희생의 손을 뻗기보다는 그저 문제들을 죽이는 편을 선택하고 있다. 비유적인 표현이 아니라 말 그대로 죽이고 있다.

가톨릭교회는 2014년 요한 바오로 2세를 성자로 추대했다. 하지만 오늘날 세속 사회의 많은 이들이 그를 거부하며 '우익의 미치광이 종교인'으로 치부하고 있다. 심지어 어떤 이들은 괴물이라는 표현까지 서슴지 않는다(크리스토퍼 히친스가 20세기의 다른 성인 마더 테레사에게도 같은 표현을 사용했다는 사실을 잊지 마라). 과연 무엇이 진실인가? 우리 문화에 대한 요한 바오로 2세의 평가가 옳은가? 옳지 않은가?

몇 가지 통계를 살펴보면 금방 답이 나온다.

- 3장에서 우리는 지금까지 벌어진 전쟁과 대량학살의 사망자 숫자 대다수가 무신론 정권 아래서 발생했다는 점을 살펴보았다. 1917년에서 2007년 사이 무신론 정권 아래서 약 1억 4천 8백만 명이 목숨을 잃었다.[10]

- 전반적인 살인 사건 숫자도 극적으로 증가했다. 유엔 마약범죄 사무소(The United Nations Office on Drugs and Crime)는 '글로벌 살인 조사'를 벌인 결과, 지난 몇 년 동안 전 세계적으로 한 해 평균 약 45만 건의 살인 사건이 발생했다.[11]

- 자살률은 더욱 충격적이다. 세계보건기구(World Health Organization)에 따르면, 매년 80만 명이 넘는 사람들이 스스로 목숨을 끊는다. suicide.org 웹 사이트는 그 수치를 1백만 명 이상으로 더 높게 잡는다. 그렇다면 40초마다 한 명씩 자살하는 꼴이다.[12]

- 〈뉴욕 타임스〉(New York Times)와 미국 자살 방지 협회(American Society for Suicide Prevention)는 미국의 자살률이 30년 만에 역대 최고에 이르러, 매년 거의 4만 5천 명이 자살한다고 발표했다.[13] 〈유에스에이 투데이〉(USA Today)에 따르면 미국에서 13분마다 한 건의 자살이 발생한다.[14]

낙태에 관한 통계도 실로 끔찍하다.

- 1960년대부터 지금까지 전 세계적으로 10억 건 이상의 낙태가 이루어졌다.[15] 이 수치는 세계 인구의 약 7분의 1에 해당한다.
- 가장 최근의 연구들에 따르면 전 세계적으로 연간 낙태 숫자는 적게 잡아도 1천 2백 4십만 건이다. 하지만 구트마허 연구소(Guttmacher Institute)의 조사 결과는 더 심각하다. 이 연구소는 원래는 가족계획연맹(Planned Parenthood)이 설립했지만 지금은 "미국과 전 세계적으로 성 및 번식에 관한 건강과 권리를 증진시키는 일"에 헌신하는 독립적인 연구 및 정책 기관이다. 2016년 5월 이 연구소는 전 세계적으로 낙태 숫자가 연간 무려 5천 6백 6십만 명이라는 조사 결과를 내놓았다.[16]
- 1973년 Roe v. Wade 대법원 판결 이후 미국에서만 6천만 건 이상의 낙태가 이루어졌다.[17] 이는 낙태가 합법화된 이후 미국에서 잉태된 모든 생명의 약 3분의 1에 해당하는 수치다.
- 현재 미국의 낙태 숫자는 매년 약 1백만 명이다.[18]
- 뉴욕 시는 전국에서 낙태율이 가장 높다. 최근 CDC(Center for Disease Control and Prevention)의 낙태 감시 보고서(Abortion Surveillance Report)에 따르면, 뉴욕 시에서 6만 9천 8백 4십건의 낙태와 11만 6천 7백 7십 7건의 출생 등록이 보고되었다. 이는 그 도시의 낙태율이 출생률의 60퍼센트라는 뜻이다.[19]
- 전 세계적으로 태아 검진에서 다운증후군 진단을 받은 여성의

92퍼센트가 낙태를 선택한 것으로 추정된다.[20]

- '잘못된' 성, 즉 자신이 원하는 성이 아니라는 이유만으로 낙태할 수 있도록 법적으로 허용하는 국가가 많다.[21]

- 일부 국가에서는 국가에서 정한 자녀 숫자를 이미 초과한 부부에게 낙태를 의무화하고 있다. 예를 들어, 중국에서는 오랫동안 그 숫자가 '한 명'이었지만 지난 2015년에 '두 명'으로 늘어났다.[22] 이 법을 어긴 탓에 칠팔 개월, 심지어 구 개월이 지난 태아의 산모가 강제 낙태를 당했다는 끔찍한 이야기가 넘쳐난다.[23]

　낙태에 관한 당신의 입장이 어떠하든, 사회가 철저히 세속주의와 무신론으로 흐른 지난 50년 사이 낙태 숫자가 유례없이 폭증했다는 사실만큼은 분명하다. 무신론과 낙태의 연관성은 이 외에도 여러 가지 방식으로 확인되었다. 최근 갤럽(Gallup) 조사에 따르면, 종교가 없는 미국인들(스스로 무신론자, 불가지론자, 종교적 취향이 없는 사람이라고 밝힌 사람들) 중 '낙태 찬성'과 '낙태 반대'의 비율은 68퍼센트 대 19퍼센트로 낙태 찬성 쪽이 월등히 많았다(49퍼센트 차이).[24] 미국의 주요 인구 집단 중에서 낙태 찬성 쪽의 비율이 이보다 더 높은 집단은 단연코 없다.

　생명 스펙트럼의 반대편 끝에서는 전 세계적으로 조력 자살과 비자발적인 안락사를 수용하고 합법화하는 현상이 일어나고 있다. 예를 들어, 다음과 같은 일들이다.

- 불치병에 걸린 성인의 생명을 안락사와 조력 자살로 조기에 끝내는 것이 이제 전 세계적으로 흔한 일이 되었다.

- 정신질환에 걸린 환자들을 안락사시키는 사례가 점점 늘어나고 있다.

- 2002년 네덜란드에서 안락사가 합법화된 후로 현재 안락사 사용은 75퍼센트나 늘어, 무려 2만 5천 명이 안락사 되었다. 이제 '출장 안락사 팀'이 매년 약 천 명을 자신의 집에서 죽이고 있다. [25]

- 벨기에와 네덜란드에서는 불치병이나 우울증에 걸린 사람들 혹은 단순히 자신의 삶이 '불완전'하다고 느끼는 사람들이 죽음을 선택할 수 있다. 네덜란드에서는 41세의 남성이 '술을 끊을 수 없다'는 이유로 의사의 도움으로 안락사한 사례도 있다. [26]

- 불치병에 걸린 아이들에 대한 안락사가 점점 늘어나고 있다. 네덜란드에서는 12세 아이들을, 벨기에서는 모든 미성년자를 의사가 안락사시키는 것이 합법이다. [27]

- 최근 네덜란드에서는 한 가족이 안락사를 당하지 않으려고 필사적으로 저항하는 한 할머니를 저지시킨 일이 있었는데 무죄 판결이 났다. 안락사 사유는 할머니가 밤에 요양원을 배회하고 치매 증상을 보인 것이었다. [28]

- 미국에서는 '죽을 권리' 운동이 점점 더 강하게 일어나고 있다. 현재 여섯 개 주에서 안락사를 허용하고 있으며, 이 외에도 많은 주가 안락사 합법화를 고려하고 있다. [29] 선호되는 안락사 방

법은 영양 공급을 비자발적으로 끊는 것이다. 오랜 법적 공방 끝에 법원의 명령으로 굶주림과 탈수로 죽은 테리 샤이보(Terri Schiavo) 사건을 기억하는가?[30]

- 안락사가 합법인 주들은 점점 안락사를 '권장하고' 있다. 환자의 담당 의사는 조력 자살을 반대했는데 환자에 관해 잘 모르는 다른 의사들이 안락사 처방을 내 준 사례가 빈번하게 발생한다. 오리건 주에서는 보험사가 더 이상 한 여성의 폐암 치료비를 지원하지 않는 대신 조력 자살 비용은 지원하겠다고 한 사례가 있었다. 오리건 주에서 한 남자가 생명 연장 약의 지원을 거부당하고 안락사 비용만 지원되는 것이 주의 의료 보험 정책이라는 통보를 받은 일도 있었다.[31]

낙태에 관한 당신의 입장이 어떠하든, 중병으로 연명 치료를 받고 있는 사람들에게는 이 시대가 두렵고도 위험한 시대인 것만큼은 분명하다.

유명한 무신론자들은 죽음에 찬성하는 입장을 뻔뻔하고도 노골적으로 드러내고 있다. 예를 들어, 한 여성이 트위터를 통해 무신론 진영의 우두머리격인 리처드 도킨스에게 다운증후군 아기를 임신하면 어떻게 해야 할지 물었다. 그 즉시 도킨스는 이렇게 대답했다. "낙태하고 다시 시도하세요. 당신에게 선택권이 있는데도 그것을 세상에 내놓는 것은 부도덕한 짓입니다."[32]

나중에 그는 아이를 위해서도 아이를 낳는 것은 잘못이라고 덧붙였다.[33] 다운증후군을 가진 아이의 삶은 아이에게도 너무 힘들고 부모에게도 너무 힘들다는 것이 그 이유였다. 그는 그렇게 힘든 삶은 애써 양육할 만한 가치가 없고 오히려 죽이는 편이 훨씬 더 인간적이라고 말했다. 다시 말해, 그의 관점에서 정신지체아는 세상을 위해서나 아이 자신을 위해서나 낙태시키는 것이 '윤리적인 결정'이었다.

다운증후군 아이를 키우는 많은 부모가 그 말을 듣고 발끈한 것은 너무도 당연했다. 한 아버지는 도킨스에게 다음과 같은 구구절절한 공개 편지를 보냈다.

> 낙태와 다운증후군에 관한 당신의 입장이 논리적으로 옳다고 믿는 것 같은데, 혹시 죽음을 옹호하는 자신이 혐오스러워 뜬 눈으로 밤을 새워 본 적은 없나요? 고난은 피해야 할 도덕적 악이 아닙니다. 고난에도 의미와 가치가 있을 수 있습니다. 빅터 프랭클(Victor Frankl)이나 마하트마 간디(Mohandas Gandhi), 마틴 루터 킹 주니어(Martin Luther King Jr.)에게 물어 보세요. 아니면 우리 아이들에게 물어 보시든가.
>
> 나는 다운증후군에 걸린 두 아이를 키우고 있습니다. 둘 다 입양한 아이들이죠. 친부모는 선택의 기로에서 이 아이들을 낙태시키지 않았습니다. 대신 이 아이들은 우리와 함께 살게 되었죠. 이제 두 아이들이 우리의 기쁨입니다. 더없이 예쁜 녀석들이죠. 한 녀석은 암을 두 번이나 이겨냈어요. 녀석이 병원에서 항암 치료를 받을 때 가족들은 괴로워하는데 녀석은 간호사들을 친구로 사귀

고 청진기를 훔치며 씩씩하게 견뎌냈죠. 우리 가족은 고난을 겪었지만 그 가운데서도 주체할 수 없는 기쁨이 있었어요.[34]

서로의 생각이 왜 이토록 다른 것일까? 부모는 기꺼이 사랑하고 돌봐주려고 하는데 왜 도킨스 같은 무신론자들은 이 남자의 아이들, 그리고 비슷한 질환을 가진 다른 모든 아이들을 낙태시켜야 한다고 주장하는 것일까? 사랑과 수용, 희생보다 죽음을 선호하는 무신론자들의 태도를 어떻게 해석해야 할까?

그들의 태도를 이해하려면 무신론 철학을 더 깊이 들여다봐야 한다. 이 책에서 계속해서 지적하고 있는 무신론자들의 세 가지 사상이 있다. 이 세 가지는 살인, 자살, 유아살해, 낙태, 안락사에 대한 무신론자들의 태도를 이해하는 데 중요한 단서가 된다. 이 세 가지를 차례로 살펴보자.

첫째, 무신론자들은 하나님이 없기 때문에 객관적이고도 영원한 가치가 없다고 믿는다. '모든 것'이 일시적이다. '실용적인' 측면에서 더 좋은 것은 있을 수 있지만 진정으로 보편적이거나 초월적인 것은 없다. 그렇다면 인간이 추구해야 할 합당한 목표는 오직 세상적인 쾌락과 편의, 그리고 모든 고통을 없애는 것뿐이다. 이 목표에 걸림돌이 되는 것은 사람이든 사물이든 제거하는 것이 얼마든지 허용된다. 아니, 권장된다.

둘째, 무신론자의 입장에서는 하나님이 없기 때문에 객관적이고도 영원한 도덕법은 존재할 수 없다. 그렇게 객관적인 도덕법이 없으니 인간은 니체가 말한 초인간이 될 수 있다. 무의미한 계명들과 그것들을 어겼을 때 찾아오는 죄책감에서 벗어난 인간은 마음대로 자신만의 법을 만들 수 있다. 다시 말해, 무엇이든 당시 자신에게 맞는 법을 선택할 수 있다. 초인간은 가치 있는 생명, 아니 '생명' 자체를 마음대로 정의할 수 있다. 그는 '인간', '살인', '자비' 따위를 자신만의 기준에 따라 정의할 수 있다. 니체와 그의 무신론 추종자들에게 가장 중요한 가치는 힘이다. 따라서 생명보다 언제나 선택이 중요하고, 강자가 약자(대개 강자의 쾌락과 편의에 방해가 되는 자들)를 지배하기 위해 내리는 선택은 언제나 옳다.

셋째, 무신론자들은 하나님이 없기 때문에 인간이 '하나님의 형상을 따라' 지음을 받았다는 믿음이 허무맹랑하다고 믿는다. 그들에게 인간은 전혀 특별한 존재가 아니다. 소모용 동물에 지나지 않는다. 사실상, 두뇌가 좀 더 큰 원숭이에 불과하다. 인간은 하나님이 주신 불멸의 영혼은커녕 그 어떤 내재적 가치나 무한한 존엄도 지니고 있지 않다. 인간은 여러 동물 중 하나일 뿐이다. 따라서 인간의 생명을 보호하는 것이 특별히 중요하지 않다. 인간은 잔인한 정부가 억압해도 되는 존재이며, '더 큰 실용적 유익'이 있다면 나이에 상관없이 살해하고 낙태시키고 안락사해도 되는 존재다. 물론 실용적 이유라는 것은 그 당시 가장 강한 자를 결정한다.

이 세 가지 개념이 무신론의 윤리 철학을 떠받치고 있다. 이 개념들은 이해하기 어렵지 않지만, 현대 무신론자들은 사람들이 무신론의 이런 면을 제대로 보지 못하도록 만들기 위해 최대한 노력하고 있다.

이런 면은 그들이 보기에도 너무 끔찍하기 때문이다.

지난 장에서 이 새로운 무신론자들에 관해 지적한 사실을 기억하는가. 과거의 무신론자들과 달리 그들은 '계속해서' 거짓말을 동원하고 있다. 그것은 무신론이 실제 삶에 의미하는 바를 인정하기가 두렵기 때문이다. 그들은 대부분의 사람들이 니체가 사용한 언어에 눈살을 찌푸릴 것이라는 사실을 잘 알고 있다. 그들은 위에서 밝힌 세 가지 개념이 사람들에게 충격적으로 다가갈 수 있으며, 이 개념을 그대로 적용하면 치명적인 결과를 낳는다는 사실을 알고 있다. 그래서 그들은 이런 개념을 과감히 선포하지 못하고 모른 체하거나 부인한다. 심지어 도킨스처럼 자신들이 고통당하는 사람들에게 '연민'을 베푸는 것일 뿐이라는 거짓말 뒤에 숨는다.

하지만 그런 거짓의 껍데기를 뚫고 무신론 사상의 근본 원칙들을 들여다보면 그들이 죽음의 문화를 조성하는 이유가 분명히 눈에 들어온다.

예를 들어, 미국 대법원이 인간의 의미를 '다시 정의하여' 수천 년 동안 모든 인간과 모든 나라가 야만적인 행위로 규정해 온 낙태를 합법화한 이유가 눈에 들어온다. 그것은 뭐든 자신이 원하는 대로 해도 된다는 생각이 무신론 사상에 함축된 논리이기 때문이다. 무신론 사상대로라면 우리 맘대로 인간 생명의 기준을 '결정하고' 가장 약한 인간들을 죽여도 된다.

가족계획연맹 단체들이 낙태된 태아의 장기를 비롯한 신체의 부분들을 수거해서 파는 천인공노할 범죄에 연루된 이유가 눈에 들어온다.[35] 그것은 인간에겐 아무런 초월적 가치가 없기 때문에 우리에게 이익이 된다면 얼마든지 태아를 이용하거나 그 사체를 버려도 된다는 생각이 무신론 사상에 함축된 논리이기 때문이다.

21세기의 세상이 안락사와 낙태를 권장하는 동시에 건강, 다이어트, 장수를 권장하는 이유가 눈에 들어온다. 무신론자들에게는 '건강하게 장수하는 삶'만이 가치 있는 삶에 관한 유일한 정의다. 결국, 쾌락만이 유일한 기준이다. 그러니 무신론자들이 그 기준에 부합하지 않는 사람들, 이를테면 다운증후군 태아나 치매 노인, 우울증에 걸린 여성 같은 사람들에 대해서는 무조건 낙태나 안락사, 조력 자살을 권장하는 것도 무리는 아니다. 그것은 물질적이고 경험적인 '삶의 질'만이 중요하다는 생각이 무신론 사상에 함축된 논리이기 때문이다. 무신론자들에게 고난, 인내, 희생, 기쁨의 깊은 영적 의미 따위는 종교적 허튼소리에 불과하다.

보다시피, 생명에 관한 무신론의 철학을 이해하면 그들이 죽음과 그토록 지독한 사랑에 빠진 이유를 즉시 알게 된다. 아울러, 그들이 꿈꾸는 미래도 분명히 보인다.

바로 이 부분이 정말로 두려운 부분이다. 죽음을 인간의 문제들에 대한 만병통치약으로 본 치명적인 행렬은 이제 막 시작되었을 뿐이기 때문이다.

다음과 같은 상황에 관해 생각해 보라.

- 오늘날 인간의 활동이 지구에 가장 큰 위협이라고 주장하는 환

경주의자들이 많다. 점점 더 많은 환경주의자들이 생태계 문제들의 가장 효과적인 해법은 낙태와 안락사를 통해 그 위협을 대폭 줄이는 것이라고 주장하고 있다. 예를 들어, 시에라 클럽(Sierra Club) 대표 마이클 브룬(Michael Brune)은 2017년 낙태가 '인구 과잉의 위협'으로부터 환경을 보호하기 위해 꼭 필요한 도구라는 발언을 했다.[36]

- 최근 장애인인 로드 쉰크윈(Lord Shinkwin)이 영국 상원에서 감동적인 연설을 했다. 그 자리에서 그는 '장애'에 관한 낙태법을 제정하려는 움직임에 관해 이렇게 말했다. "저 같은 사람들에게 불길한 조짐이 일고 있습니다. 선천성 장애를 가진 사람들이 멸종을 앞두고 있습니다. 동물이라면 멸종위기종으로 보호를 받겠지만 우리는 장애를 가진 인간이리서 그렇지 못합니다."[37]

- 현재, 치매 환자들이 사전에 요구하면 음식을 숟가락으로 떠먹여 주지 말아야 한다는 안락사 옹호자들의 외침이 거세다. 유명한 무신론자이자 프린스턴대학(Princeton University)의 생명윤리학 교수 피터 싱어(Peter Singer)는 치매 환자들은 '비인간'으로 분류되기 때문에 심지어 그들이 죽여 달라고 요청하지 않아도 의사들이 안락사 약물을 주입할 수 있도록 해야 한다고 주장한다.[38]

이것들은 최근 기승을 부리는 '죽음의 문화'의 작은 일부에 불과하다. 앞으로 더 많은 추악한 열매가 맺힐 것이다. 인간이 쓰고 버릴 상품이라면 과잉 인구나 이민, 가난, 노숙자, 아동 학대, 인종 문제를 줄이는 것 같은 온갖 명목으로 낙태나 안락사 같은 살인 방식들이 쉽게 정당화될 수 있다.

새로운 무신론자들이 어느 방향으로 가고 있는지를 알고 싶다면 자신들의 뜻을 두려움 없이 공개했던 과거의 무신론자들을 살펴보면 된다.

예를 들어, 가족계획연맹의 창립자 마거릿 생어(Margaret Sanger, celebatheists.com에서 "유명 무신론자이자 운동가"로 자랑스럽게 소개하고 있는 인물)는 자신의 책 *Woman and the New Race*(여성과 새로운 인종)에서 이렇게 말했다. "대가족이 구성원 중 아기에게 할 수 있는 가장 자비로운 일은 그를 죽이는 것이다."[39]

생어는 "미국은 아기들을 위한 법을 필요로 한다"라는 글에서 그 법의 목적을 다음과 같이 소개했다. 조금만 읽어 보자.

1조. 미국 아기 법의 목적은 아기들을 더 잘 분배하는 것이다. … 적합하지 않는 인간의 번식과 증식으로부터 사회를 보호하는 것이다. …

4조. 어떤 여인도 아이를 낳을 법적 권리가 없고, 어떤 남자도 허락 없이 아버지가 될 권리가 없다. …

6조. 한 명 이상의 자녀는 허용되지 않는다.[40]

생어가 운영하는 잡지의 슬로건은 "신은 없다, 주인은 없다"였다. 그녀는 '바람직한' 특징들을 늘리고 '부정적인' 특징들을 줄이는 번식 통제로 인류를 개선하는 학문인 우생학의 초기 지지자였다(이것은 나치 가 가장 좋아하는 학문 분야 중 하나였다).

가족계획연맹에서 여전히 영웅인 생어는 바람직하지 못한 인간 들을 제거하기 위해 인간의 번식을 강제적으로 통제하고 조종해야 한 다는 믿음을 아무런 거리낌 없이 표현했다.

생어는 *The Pivot of Civilization*(문명의 축)이라는 책에서 시각 장 애인, 청각 장애인, 언어 장애인, 정신지체 장애인, 간질병 환자 같은 장애인들을 '지독히 버거운 인간 쓰레기'로 표현했다.[41] 그녀는 계속해 서 이렇게 말했다. "이런 등급의 인구 집단은 철저히 불임시키고 분리 시켜야 한다. 그들의 혈통은 해롭기 때문이다. 그들의 유전자는 불쾌 한 특성들을 후손에게 전해줄 수 있기 때문이다. … 비우생학적인 집 단('나쁜 유전자'를 가진 사람들) 전체는 분리나 (강제) 불임 중 하나를 선택 해야 한다."[42]

또한 생어는 흑인들이 열등한 인종이기 때문에 불임과 통제, 낙 태를 통해 멸종시켜야 한다고 주장했다.

흑인 의사가 열정과 지식을 갖도록 훈련시켜서 유색 인종들에게 보내면 엄청난 결과를 거둘 수 있으리라 생각된다. … 목사의 역 할도 중요하다. 연맹 같은 곳에서 목사가 우리의 이상과 목표를 품도록 훈련시켜야 한다. 단, 우리가 흑인들을 근절시키려고 한다는 말이 퍼져서는 안 된다. 혹시 그들 중 반항적인 자들이 그런 생각을 하게 되면 목사가 그 생각을 바로잡아 줄 수 있다.[43]

오늘날 가족계획연맹이 미국 흑인 사회에서 매우 활발하게 활동하고 있다는 점을 생각하면 실로 섬뜩한 말이 아닐 수 없다. 최근 '흑인 생명 보호 단체'(Protecting Black Life)가 진행한 조사에 따르면, 가족계획연맹의 낙태 수술 시설 중 79퍼센트가 미국 흑인 거주 지역들에서 걸어서 갈 수 있는 거리에 있다.[44] 실제로, 뉴욕 시의 정신위생국(New York City Department of Mental Hygiene) 보고서에 따르면 흑인 아기들은 살아서 태어나는 것보다 엄마의 배 속에서 죽을 확률이 더 높다. 매년 뉴욕 시에서 태어나는 흑인 아기 천 명 당 1천 2백명이 낙태된다.[45] 미시피시 주에서는 전체 낙태 수술의 72퍼센트가 흑인 아기들에 대해 이루어진다. 이것이 백인이 '1.6 대 1로 흑인보다 수적으로 많은' 주에서 벌어지고 있는 일이다.[46]

마거릿 생어가 우생학적으로 관리되는 사회라는 무신론의 비전이 마침내 실현되고 있다는 소식을 듣는다면 뛸 듯이 기뻐할 것이 뻔하다.

여기에 더해, 유아 살해도 있다. '이미 태어난' 아기를 죽이는 만행에 관해 짧게라도 살펴보지 않고서는 이 논의를 끝낼 수 없다.

네덜란드에서는 이 잔혹한 행위가 이미 합법이다. 그곳에서는 의사와 부모가 함께 의논하여 중병에 걸린 신생아를 출산 직후에 죽이는 것이 완벽히 합법이다. 마찬가지로, 장애아들에 대한 '출생 후 낙태'(완곡어법으로 사용되는 표현)가 지금 캐나다에서 논의되고 있다. 유명한 캐나다 생명윤리학자 우도 슈클렝크(Udo Schuklenk)는 이런 말을 했다. "죽음이 아기에게 가장 좋은 길이라는 결론이 났는데도 부모가 타이밍을 놓치고 고통 없이 죽이지 않는 것은 부당한 것이다."[47]

그들은 왜 신생아를 죽이는 것이 부당한 것이라는 생각은 하지 못할까? 사람을 이성적인 생각과 반성을 할 수 있는 존재로만 정의하면 태아만이 아니라 아기도 사람이 아니기 때문이다.

영국 의사 협회(British Medical Association) 윤리 위원회에서 가장 존경을 받는 무신론자 존 해리스(John Harris) 교수의 생각도 슈클렝크와 정확히 일치한다. 그는 "산도까지 가는 동안에는 도덕적인 면에서 그어떤 변화도 일어난다고 볼 수" 없기 때문에 유아 살해가 정당하다라는 발언을 여러 차례나 했다.[48] 다시 말해, 태아를 죽이는 것과 영아를 죽이는 것에는 아무런 도덕적 차이가 없다.

무신론자인 알베르토 귀빌리니(Alberto Giubilini)와 프란체스카 미네르바(Francesca Minerva)도 유아 살해의 합법화를 촉구하는 불신자들의 대열에 합류했다. 그들은 "출생 후 낙태: 왜 아이가 살아야 하는가?"란 제목의 논문에서 다음과 같은 주장을 펼쳤다.

1. 태아와 갓난아기는 둘 다 실제 사람으로서 도덕적 지위를 갖지 못한다.
2. 둘 다 잠재적인 인간이라는 말은 도덕적으로 부적절하다.
3. 입양이 실제 사람들에게 항상 좋은 것은 아니다.

그래서 그들의 결론은 신생아가 장애아인 경우를 포함해서 일반 낙태가 허용되는 모든 경우에 '출생 후 낙태'(신생아를 죽이는 것)가 허용되어야 한다는 것이다.[49] 신생아가 장애아인 경우를 포함해서 모든 경우에 해당한다.

위의 발언들을 주의 깊게 읽었는가? 우리가 만들어 낸 말이 아니다. 이 말은 종교적 망상증의 산물이 아니다. 이 말은 현대 무신론 진영을 이끌고 있는 유명 인사들의 입에서 나온 말이다. 이것이 우리 문화가 향하는 방향이다. 이것이 새로운 무신론자들이 우리를 데려가고 있는 방향이다. 생명을 죽이는 것이 모든 문제의 답인 세상으로 우리를 이끈다. 사랑해 주고 희생하는 것보다 죽이는 편을 선호하는 세상으로 인도한다. 우생학, 낙태, 태아 신체 활용, 안락사, 조력 자살, 강제 자살, 유아살해가 모두 합법적으로 시행되는 세상으로 가자고 손짓한다. 이대로 가다간 우리의 당연한 미래가 된다.

정신을 차리고 현실을 직시해야 한다. 성경은 생명을 낳는 것이 하나님의 주된 동기라고 말한다. 그런데 현대 무신론 운동의 어둡고 왜곡되고 음침한 발언들은 정반대의 동기를 보여 준다. "우리가 온 것은 너희로 죽음을 얻게 하고 더 풍성히 얻게 하려는 것이라."

그리고 다음 장에서 보겠지만 무신론자들은 섬뜩한 비전을 실제로 현실로 이룰 생각일 뿐 아니라 그것을 이루기 위한 충분한 믿음과 종교적 열정을 품고 있다.

무신론자들은 죽음을
인간의 문제에 대한
만병통치약으로 본다.

Inside the Atheist Mind

8.

무신론자들의 맹신

무신론이야말로
믿음이다

그리스도인들은 항상 무신론이 믿음을 '필요로' 할 뿐 아니라 믿음 '자체'라고 주장해 왔다. 물론 무신론자들은 듣지 않는다. 그들은 그리스도인의 말이라면 무조건 코웃음을 치고 본다. 합리적인 주장만 나오면 그들은 조롱하고 조소하고 비웃고 무시하고 숨긴다. 합리적인 반론만 빼고 모든 것을 한다.

안타까운 일이다. 믿음이 필요한 무신론이라는 아이러니는 좋은 토론거리이기 때문이다. 그리스도인들은 농담이 아니라 진담으로 이 주장을 한다. 아울러 확실히 알고서 하는 말이다. '믿음'이 그리스도인들에게 가장 중요한 일이기 때문이다. 그리스도인들은 '믿음'과 '지식'의 차이를 정확히 알고 있다. 반면, 무신론자들은 그것을 잘 모르고 있다.

물론, 그들 스스로는 안다고 주장한다. 그러면서 자신들은 하나님에 대한 믿음이 없다는 우스꽝스러운 주장을 펼친다. 다시 말해, 그들은 '무신론'을 무엇인가가 있는 상태가 아닌 무엇인가가 없는 상태로 정의한다. 즉, 그들이 말하는 무신론은 증거가 없기 때문에 믿음도 없는 상태다.

정말 자기 편한 대로 행동하는 자들이지 않은가? 무신론이 단순히 믿음의 부재라면 무신론자들은 자신의 입장을 옹호할 필요가 없다. 생각해 보라. 어떤 입장이 사실상 입장이 없는 것이라면 그 어떤 비판에도 대응할 지적 의무가 없다. 진지한 토론을 할 필요가 없는 상황이기 때문이다. 바로 이것이 무신론자들이 가장 좋아하는 상황이다.

그렇다면 무신론자들의 행태가 완벽히 이해가 된다. 무지하고 지적으로 얕고 비겁한 자가 가장 싫어하는 것은 자신의 입장을 논리적으로 옹호하는 것이다. 그런 자는 지적 논쟁을 아예 회피하고, 대신 자신이 가장 잘하는 짓에 몰두한다. 무신론자들이 가장 잘하는 짓은 물론 조롱과 냉소, 코웃음이다.

하지만 그들은 결코 미꾸라지처럼 빠져나갈 수 없다. 이 책이 확실히 보여 준 것이 있다면 그것은 무신론이 믿음의 부재와는 거리가 멀어도 한참 멀다는 사실이다.

사실, 무신론은 완전한 믿음의 '체계'다. 자신만의 철학(물질주의)에서 도덕(상대주의)과 정치(사회진화론), 문화(세속주의)까지 완벽한 진용을 갖춘 체계다. 심지어 자신만의 성사(낙태, 유아 살해, 안락사)도 갖추고 있다. 이 믿음의 체계는 역사상 그 어떤 믿음의 체계보다도 많은 죽음과 살육, 박해, 불행을 낳았다.

　무신론자들이 자신들의 지독한 믿음을 '단순한 불신'이라고 둘러대 보아야 통하지 않는다. 피를 묻힌 손으로 결백한 척 손사래를 쳐 보아야 소용이 없다. 그들이 믿음의 사람들에게 적용해야 한다고 주장하는 그 지적 기준을 그들 자신에게도 적용해야만 한다.

　하지만 무신론자들이 무엇을 믿는지 구체적으로 살피기에 앞서 믿음 자체에 관해 잠시 이야기를 해 보자. 믿음이라고 하는 이 불가사의한 것은 정확히 무엇이며, 무신론자들은 믿음이라는 말만 나오면 왜 그렇게 질색을 하는 것일까?

　경험적으로 확실히 증명할 수는 없지만 기본적으로 믿음은 확실한 이성에 근거해서 뭔가를 믿는 것이다. 믿음은 이성적인 근거가 전혀 없는 미신이나 망상과 전혀 다르다. 많은 무신론자들의 허튼 주장과 달리, 진짜 믿음은 산타클로스나 이빨 요정, '날아다니는 스파게티 괴물'을 믿는 것과 비교될 수 없다. 진짜 믿음은 '언제나' 이성에 근거한다.

　무신론자들의 말과 달리 '모든' 인간은 어떤 식으로든 믿음을 갖고 살아간다. 믿음 없이 이 세상에서 살아가는 것은 불가능하다. 예를 들어, 아침마다 수억 명이 차를 몰고 출근한다. 그런데 출근길에서 그들의 차와 반대편 차선에서 달려오는 차 사이에 있는 것은 얇은 노란 색 선 하나뿐이다. 그들은 자신의 방향으로 시속 100킬로미터 이상의 속도로 달려오는 온갖 차와 트럭을 지나쳐 간다. 그런데 그들은 그 차들을 누가 운전하는지 전혀 모른다. 그 운전자들이 사고 기록이 수두룩한지 혹은 음주를 했는지 알 길이 없다. 반대편 차선의 차들 중 한 대라도 차선에서 몇 미터만 벗어나도 큰 충돌이 일어날 것이다. 하지만 통근자들은 수백 대의 차가 쌩 하고 옆을 지나가는 동안 아무 걱정 없이 콧노래를 부르며 운전을 한다. 어떻게 그럴 수 있는가? 다른 운전자들이 자신의 차선을 지킬 것이라는 '믿음'이 있기 때문이다.

그들이 일터에 도착해서도 마찬가지다. 각자 커다란 천장 아래의 책상 앞에 앉아 있다. 그런데 누구도 천장을 조사해 보지 않았다. 지지대에 못이 제대로 박혀 있는지 흰개미가 나무를 갉아먹지 않았는지 확인해 보지 않았다. 모든 건축 자재가 제대로 사용되었는지 천장을 뜯어 보지 않았다. 사실, 천장이 갑자기 무너져서 그들 머리 위로 떨어질지도 모른다. 하지만 그들은 매일 아무 걱정 없이 종일 컴퓨터 앞에 앉아 있다. 왜일까? 건축가가 모든 안전 기준을 지켜서 건물을 지었을 것이라는 '믿음'이 있기 때문이다.

우리의 역사 지식도 거의 전적으로 믿음에 근거한다. 생각해 보라. BC146년 로마 제국이 카르타고를 정복할 때 당신이 현장에 있었는가? 1492년 콜럼버스(Columbus)가 아메리카 대륙을 발견할 때 현장에 있었는가? 1776년 조지 워싱턴(George Washington)이 델라웨어 강을 건널 때는 어디에 있었는가? 실제로 보지 못했으면서 어떻게 이런 사건이 일어났다고 확신하는가?

'증거가 있으니까'라고 말할지도 모르겠다. 물론 문서와 책, 증언, 그림 등이 있다. 그런데 이것은 신자들이 종교적 믿음의 근거로 삼는 것과 같은 종류의 '증거'다. 종교든 인류 역사든 그것에 관한 정보의 대부분은 세대에서 세대로 전해져 내려온 것이다. 직접적인 정보는 거의 없다. 과학적으로 증명될 수 있는 정보도 거의 없다. 대부분의 정보가 믿음으로 받아들여야 하는 종류의 정보다. 문서의 저자에 대한 믿음, 증인의 신뢰성에 대한 믿음, 그리고 관련된 모든 데이터와 증거에서 논리적이고 합리적인 결론을 이끌어 낼 수 있는 우리 자신의 능력에 대한 믿음이 필요하다.

요컨대, 믿음은 광신적이고 근본주의적이며 사이비 종교적인 개념이 아니다. 믿음은 이 땅에서의 삶을 위한 '필수품'이다. 무신론자들도 스스로 인정하든 인정하지 않든 믿음에 의존해서 살아가고 있다.

그렇다면 무신론자들은 무엇을 믿고 있을까? G. K. 체스터턴은 이런 말을 했다. "사람이 하나님을 믿지 않는다고 해서 아무것도 믿지 않는 것은 아니다. 오히려 '아무것이나' 믿는다."[1]

이 얼마나 지당한 말인가! 무신론자들이 소중히 간직하고 있는 믿음을 모두 파헤치기에는 이 책의 지면이 턱없이 부족하다. 그래서 가장 분명한 믿음부터 시작해 보자. 그것은 하나님의 존재에 관한 '증거'가 없기 때문에 하나님이 존재하지 않는다는 주장이다.

물론 이는 실로 어처구니없는 주장이다. 1장에서 우리는 독실한 신자들이었던 위대한 사상가들을 만나보았다. 그들은 성경을 하나님의 말씀으로 받아들였기 때문만이 아니라 철저히 논리적이고 분석적인 추론의 결과로 하나님을 믿었다. 실제로, 하나님의 존재를 보여 주는 논리적인 추론이 한두 가지가 아니다. 여기서 다 소개하지 못할 만큼 많다. 예를 들어, "만물이 어디서 왔는가?"라는 질문을 탐구하는 우주론적인 추론이 있다. 우주의 질서와 조화를 가리키는 신학적인 추론도 있다. 어떤 식으로든 설계자가 없이는 이런 우주의 존재는 불가능하다. 이 외에 '우연성'(contingency), '욕구', '완벽의 정도'(degrees of perfection), '기적', '도덕과 양심', '믿을 만한 증언'을 근거로 한 추론도 있다. 나열하자면 끝이 없다.

이런 모든 추론은 논리, 물리적 세계와 우리의 의식에 대한 관찰, 연역추리와 귀납추리를 근거로 한다. 성경을 근거로 하는 추론은 하나도 없다. 단순히 성경에서 이렇게 저렇게 말한다는 점을 근거로 하나님의 존재를 증명하려는 시도는 하나도 없다.

사실, 하나님의 존재에 관한 증거는 없다는 무신론자들의 말은 사실상 '과학적인 증거'가 없다는 뜻이다. 사실, 증거와 과학적인 증거는 완전히 다른 것인데 그들은 둘을 같은 의미로 사용한다. 그들이 이런 말을 하는 것은 과학에 대한 맹신을 보여 준다. 사실, 과학적으로 설명하거나 증명할 수 있는 것만 믿을 수 있다는 주장 자체는 하나의 '믿음'이다.

5장에서 지적했듯이 이 믿음은 '과학만능주의'라고 하는 지적 오류다. 과학만능주의는 "모든 합리적인 지식을 과학적 형태의 지식으로 축소시키는 것"을 의미한다. 그리고 물론 그 근본적인 문제점은 그것을 과학적으로 증명할 수 없다는 점이다. 과학을 통해서만 진실에 도달할 수 있다는 개념을 경험적으로 관찰하거나 실험적으로 증명할 길이 없다. 따라서 그 입장 자체가 비과학적이다. 결국, 무신론자들의 주장은 과학적인 증거가 아니라 전적으로 믿음에 근거하고 있다.

실제로, 또 다른 비과학적인 가정을 하지 않고서는 과학이라는 학문 자체가 불가능하다. 먼저 우주가 '이해할 수 있는 것'이라고 가정해야 한다. 우주가 어느 정도 예측 가능하다는 가정, 우주가 이성의 법칙을 따른다는 가정, 우주가 '말이 된다는' 가정이 필요하다.

우주가 물리법칙을 따르는 예측 가능한 것이라는 가정이 과학적 탐구의 기초를 형성한다. 우주가 이해할 수 없는 것이라면 그 어떤 실험의 결과도 믿을 수 없기 때문에 그 어떤 과학적 논의도 이루어질 수 없다. 뿐만 아니라 우리 자신의 사고 과정이나 추론 능력도 믿을 수 없게 된다. 그런데 우주가 이해될 수 있다는 개념 자체가 과학적으로 증명된 바가 없다. 그 개념은 어디까지나 믿음에 근거한 가정이다. 그리고 그 믿음은 진실처럼 '보이는' 것에 근거하고 있다.

다시 말하지만, 이것은 전혀 잘못된 것이 아니다. 앞서 우리가 이야기한 다른 종류의 믿음들과 마찬가지로 이 믿음은 삶의 필요한 일부다. 하지만 무신론자들에게는 이 점을 인정할 용기와 솔직함, 지성이 없다. 그들은 "과학적으로 증명할 수 없다면 사실이 아니다"라는 자기기만적인 소리를 로봇처럼 끝없이 반복할 뿐이다.

이제 시작일 뿐이다. 그들의 황당한 믿음은 끝이 없다. 기억하는가? 무신론자들은 인생의 모든 것이 '순전히 물질적'이라고 믿는다. 그들은 영적 실재를 철저히 부인한다. 그들은 우리의 생각, 꿈, 열정, 사랑, 미움, 희망, 야망, 덕, 죄, 고통이 오로지 원자의 활동에서 비롯한 결과라고 믿는다. 그들은 모든 철학, 정치, 문화, 미술, 문학, 음악, 역사, 영생의 갈망, 진선미를 비롯한 모든 초월적인 것이 순전히 생화학적 반응과 무작위적인 분자 운동의 결과라고 믿는다. 이것은 과학이 아니라 믿음이다. 나아가, 이것은 모든 미신의 기초를 이루는 비이성적인 믿음이다.

하지만 여기서 끝이 아니다. 무신론자들은 과학적으로 증명될 수 없는 온갖 가정을 하고 있다. 예를 들어, 그들은 더없이 복잡하면서도 더없이 아름답고 조화롭고 질서정연한 이 우주가 무에서 저절로 생겨났다고 믿는다. 그들은 구조가 혼돈에서, 생명이 무생명, 의식이 무의식에서, 이성이 비이성에서 나왔다고 믿는다.

이 모든 믿음은 경험적으로 증명해 보일 수 없다. 이 모든 믿음은 과학적으로 증명하거나 재현할 수 없다. 심지어 이 모든 믿음은 말이 되질 않는다.

일부 무신론자들은 우주가 질서를 갖추고 있다는 사실을 부인했다. 예를 들어, 철학자 데이비드 흄(David Hume)이 그랬다. 그런가 하면 진화가 생명의 기원을 설명해 준다고 믿는 어리석기 짝이 없는 무신론자들이 아직도 있다.[2] 하지만 이런 믿음은 믿을 수 없이 황당한 것이다.

우주가 질서 없는 혼돈 상태라는 주장은 철저히 상식에 어긋난다. 예를 들어, 다 알다시피 달은 완벽한 나선형을 그리며 지구 주위를 돌고, 지구는 완벽한 나선형을 그리며 태양 주위를 돌며, 태양은 완벽한 나선형을 그리며 은하계 중심을 선회한다.[3] 헤아릴 수 없는 많은 은하계들 속의 헤아릴 수 없이 많은 별들이 모두 정해진 궤도를 비슷한 나선형으로 예측 가능하게 움직이고 있다. 우주에서 관찰 가능한 물질의 90퍼센트는 이렇게 철저히 질서정연하게 움직이고 있다.[4] 따라서 우주가 질서정연하다는 사실을 부인하는 것은 비상식적이다. 심지어 고등학교 학생도 망원경으로 이 사실을 관찰할 수 있다!

진화가 생명의 기원을 설명해 준다는 주장에 관해서는 그 허무맹랑함을 이미 살펴보았다. 원시 '수프'에서 분자들이 무작위로 섞여 가장 기초적인 형태의 생명체가 발생할 통계적 확률조차 과학자들도 계산하기 힘들 만큼 천문학적이다. 그 확률은 1조 분의 1보다도 낮다.

발견 연구소(Discovery Institute)의 과학 문화 센터(Center for Science and Culture) 소장 스티븐 C. 마이어(Stephen C. Meyer)는 심지어 생명의 가장 단순한 구성요소인 짧은 기능단백질 하나가 무작위로 발생할 확률도 10125분의 1이라고 말한다. 상상하기조차 어려울 만큼 극도로 작은 수치다![5]

익숙한 비유를 들자면, 알파벳 수천 개를 공중에 높이 던졌을 때 그것들이 땅에 떨어져 톨스토이의 '전쟁과 평화'란 글씨를 만들어낼 확률이 곧 분자들의 우연한 조합으로 생명이 발생할 확률이다.

이것이 마이어 박사와 그 동료들이 생명의 창조를 계획한 우주적 설계자가 존재할 가능성이 훨씬 높다고 결론을 내린 이유다. 그들은 이렇게 말한다. "DNA 안의 … 복잡하지만 기능적으로 분명한 염기 순서들은 … 과거에 지적인 정신의 작용이 있었음을 암시한다. 그런 정신적 작용을 직접적으로 관찰할 수는 없지만 말이다."[6]

하지만 수많은 저명한 과학자와 수학자들의 증언에도 불구하고 무신론자들은 우주에 설계자가 있을 '가능성'조차 한사코 거부한다. 그들은 지구의 생명이 우연히 발생했다는 입장을 계속해서 고집하고 있다. 그들의 입장은 논리와 경험에 반한다. 사실, 그 입장은 과학 자체에 반한다. 그런데도 그들은 맹목적으로 그것을 믿고 있다. 이는 보통 믿음으로는 어림도 없는 일이다.

이것을 다른 각도에서 한번 보자. 무신론자들은 그리스도가 죽은 자 가운데서 살아나셨다는 믿음을 비웃는다. 그들의 사고방식에서는 기적이 과학적으로 가능하지 않기 때문이다. 하지만 그리스도인들은 그리스도가 하나님이며 하나님이 생명의 초자연적인 창조주라고 믿기 때문에 그리스도의 부활도 믿는다. 이것은 믿음이지만 논리적인 근거를 갖고 있다.

반면, 무신론자들은 생명이 무생명에서, 의식이 무의식에서, 생각이 무생각에서 비롯했다고 믿는다. 이것은 복음서에 기록된 기적들보다도 훨씬 더 엄청난 기적이지만 무신론자들은 이것이 기적이라는 점을 인정하지 않는다. 그들의 믿음은 지극히 제한적이어서 물질주의의 교리에서 아주 살짝 벗어나는 것조차 용납하지 않는다.

유명한 기독교 저자로, 무신론자였다가 회심한 C. S. 루이스는 다음과 같이 말했다.

당신이 무신론자라면 세상 모든 종교가 완전히 틀렸다고 믿어야 한다. 하지만 당신이 그리스도인이라면 정말 괴상한 종교까지 세상 모든 종교에 적어도 일말의 진리는 있다고 편하게 생각할 수 있다. 내가 무신론자였을 때는 대부분의 인류가 가장 중요한 질문에 대해서 항상 틀렸다고 확신하기 위해 억지로 노력해야 했다. 하지만 그리스도인이 되고 나서는 더 자유로운 시각을 가질 수 있었다.[7]

"더 자유로운 시각"은 무신론자들에게는 불가능한 시각이다. 그들은 과학이 언젠가 우주의 모든 신비와 기적을 설명해 줄 것이라고 주장, 아니 믿고 있다. 하지만 과학은 나뭇잎 한 장을 만드는 법조차 알아낼 수 없다!

사실, 과학은 가장 기본적인 '과학적' 질문들에도 답할 수 없다. 예를 들어, 우리가 보거나 느낄 수 없지만 우주의 무려 70퍼센트를 차지하고 있다는 암흑물질은 무엇인가?[8] 어떻게 빛은 입자로 이루어지는 동시에 파동으로 이루어질 수 있는가?[9] 왜 시간은 한 방향으로만 가는가?[10] 끈 이론 같은 과학 이론들은 더 많은 차원을 제안하는데 왜 우리는 3차원만 상상할 수 있는가?[11] 어떻게 해야 양자역학과 중력이 통합될 수 있는가?[12] 블랙홀이 이 둘과 모순되는데 이 둘이 어떻게 존재할 수 있는가?[13]

이 질문들은 과학적 미스터리이며, 과학자들은 그 답을 모르고 있다. 그런데도 무신론자들은 과학이 일종의 신인 것처럼 계속해서 그 앞에 엎드려 예배하며, 과학이 우주의 모든 비밀을 풀 열쇠를 쥐고 있다는 망상을 퍼뜨리고 있다.

사실을 말하자면, 세상의 가장 심오한 미스터리들에 대해서는 과학이 '영원히' 답을 줄 수 없다. 우리가 이 점을 그토록 확신하는 이유는 우주의 기원에 관한 질문은 본질상 과학적 질문이 아니라 '철학적' 질문이기 때문이다. 앞서 우리는 "인간이 경험할 수 있는 가장 아름답고도 심오한 느낌은 신비로운 느낌이다"라는 앨버트 아인슈타인의 말을 인용했다. 과학을 파고들수록 세상은 점점 더 신비롭고 불가사의하게 느껴질 뿐이다.

이 신비의 중심에서 가장 큰 신비가 있다. 그것은 바로 존재의 신비다. 왜 세상은 무가 아니라 유인가? 이것은 모든 질문 중의 질문이요 모든 수수께끼 중의 수수께끼다. 그리고 무신론자들은 이 질문에 대해 완전히 까막눈이다.

잠시 이 점에 관해 진지하게 생각해 보자. 이 점은 무신론자들이 실제로 신자들보다 '더 많은' 믿음을 필요로 하는 이유를 설명해 주기 때문에 정확히 짚고 넘어갈 필요성이 있다.

논리와 상식은 무에서 유가 나올 수 없다고 말한다. 이것은 너무도 자명한 사실이다. 따라서 우주를 구성하는 물질은 저절로 존재하게 될 수가 없다. 어떤 최초 '원인'이 있어야 한다.

이것이 빅뱅 이론(앞서 말했듯이 원래 가톨릭 사제가 만든 이론)이 하나님의 존재를 오히려 뒷받침해 주는 이유다. 우주가 정말로 거대한 폭발의 결과로 탄생하게 되었다면 폭발 직전에는 어떤 종류의 물질 혹은 에너지가 존재했을까? 애초에 무엇이 그 폭발을 촉진시켰을까?

가장 멍청한 무신론자들만이 빅뱅 이전에 아무것도 존재하지 않았다고 믿는다. 그렇게 믿는 것은 곧 어떤 종류든 대폭발을 '촉발시킨' 신이 있다고 인정하는 꼴이기 때문이다(다시 말하지만, 무에서 유가 나올 수 없기 때문). 따라서 과학적 상식이 조금이라도 있는 무신론자라면 빅뱅 이론이 '현재의' 우주가 탄생하고 발전한 과정에 대한 하나의 이론이라는 점을 인정해야 한다. 빅뱅 이론은 우주의 '기원'에 관해 아무런 설명도 해 주지 못한다.

어떤 과학자들은 중력 같은 '자연의 에너지'가 만물을 존재하게 했다고 추정했다.[14] 그런가 하면 저절로 탄생한 무수히 많은 우주들로 구성된 '다중우주'의 존재(역시 경험적 혹은 관찰적 증거가 전혀 없는 이론에 불과)를 제안한 과학자들도 있었다.[15] 하지만 이런 이론은 그런 에너지나 다중우주의 '최초' 원인을 다루지 않는다. 과학자들이 내놓는 잠재적인 원인들은 모두 다른 원인에서 비롯할 수밖에 없고, 또 그 원인은 또 다른 원인에서 기인할 수밖에 없다. 이렇게 끝없이 이어진다(예를 들어, 중력은 어딘가에서 왔어야 한다). 따라서 이 원인 중 어떤 것도 진정한 최초 원인일 수 없다.

요지는, 만물이 다른 것에서 비롯되지 '않은' 신비로운 뭔가로 거슬러 올라간다는 것이다. 꼭 존재해야만 하는, 시간을 초월한 뭔가. '존재 자체'로 정의될 수 있는 뭔가. 이 개념을 이해할 수 있는 무신론자라면 다른 것에서 비롯되지 않는 이 신비로운 뭔가가 두 가지 중 하나일 수밖에 없다는 점을 이해할 것이다. 이 뭔가는 영적인 하나님이

든가 물질적인 우주이든가 둘 중 하나다. 다시 말해, 하나님이나 우주, 둘 중 하나는 '항상' 존재했다. 다른 가능성은 없다. 이것이 무신론자들에게 무엇을 의미하는가?

이는 그들이 큰 문제에 봉착해 있다는 뜻이다. 이는 그들이 믿음을 필요로 한다는 뜻이다. 그들의 주장대로라면 우주는 기원이 없기 때문이다. 물질 자체가 기원이 없기 때문이다. 다시 말해, 무신론자들은 영원한 신을 믿지 않지만 그럼에도 '영원한 물질'이라는 거대한 미스터리와 씨름해야 한다. 이는 과학이 절대 풀어낼 수 없는 미스터리다. 생각해 보라. 어떻게 물질이 시작이 없을 수 있는가? 어떻게 시작이 없는 것이 있을 수 있는가? 이는 가장 위대한 천재 과학자들도 풀어낼 수 없는 미스터리다. 이는 오늘날의 아둔한 무신론자들처럼 대수롭지 않게 넘어길 문제가 아니다.

하나님을 믿는 사람들도 똑같은 미스터리와 씨름해야 하지만 적어도 그들은 논리적인 기초를 갖고 있다. 그들은 하나님(우주의 창조자)이 '초자연적이고' '영적이기' 때문에 시작이 없을 수 있다고 주장한다. 하나님은 물질적인 우주와 전혀 다른 차원에 존재하고 계시기 때문에, 그분의 '본성'은 초월적이고, 그분은 다른 것에서 비롯하시지 않았기 때문에 시작이 없을 수 있다.

반면, 우주는 영원한 실재, 꼭 필요한 실재, 다른 것에서 비롯되지 않은 실재의 특성을 보여 주지 않는다. 지금의 모습과 완전히 다른 우주를 충분히 상상할 수 있다. 전혀 다른 물리 법칙에 따라 움직이고 전혀 다른 종류의 은하계들로 구성된 우주를 충분히 상상할 수 있다.

심지어 지금과 전혀 다른 입자들로 이루어진 우주도 충분히 상상할 수 있다. 즉 이 우주는 꼭 있어야만 하는 것이 아니다.

다시 말해, 우주는 다른 것에서 비롯하지 않아 시작이 없고 영원한 실재의 특징들을 지니고 있지 않다.

하지만 하나님은 정확히 그런 특징을 지니고 계신다. 신자들에 따르면, 하나님은 꼭 필요한 존재요 불변하는 영적 존재다. 존재하는 것이 그분의 본성 자체다. 이와 관련해서 성경의 심오함을 엿볼 수 있다. 하나님은 마침내 이스라엘 백성에게 자신의 이름을 밝히실 때 "나는 스스로 있는 자다"라고 말씀하셨다. 해석하자면 "나는 존재 자체다"라는 뜻이다. 다시 말해, 하나님은 가장 심오한 철학적 질문에 완벽하게 대답하셨다!

나아가, 신학자들이 밝힌 하나님의 품성들은 우주의 다른 미스터리들을 설명해 준다. 예를 들어, 하나님의 지성은 우주의 질서와 지적 설계를 설명해 준다. 하나님의 생명은 우주에 있는 생물학적 피조물들의 의식과 생명을 설명해 준다. 하나님의 영적 본성은 우주에서 관찰되는 초월적이고 영적인 특성들을 설명해 준다.

한마디로, 하나님은 '모든' 자물쇠에 맞는 열쇠다.

물론 이것들이 하나님의 존재에 대한 '절대적인 증거'는 되지 못한다. 하지만 철학자 모티머 애들러(Mortimer Adler)의 주장처럼 최소한 우리는 "하나님의 존재에 대한 합리적인 근거들"을 갖고 있다.[16] 그리고 하나님의 존재는 영적 여행에서 다음 단계들을 밟기 위한 합당한 이유가 되어 준다. 예를 들어 계시된 진리, 기도의 힘, 은혜의 작용, 위대한 신학자들의 글, 그리스도의 삶과 말씀을 연구할 가치가 생긴다.

무신론자들에게는 이런 근거가 없다. 무신론의 중심에는 도저히 풀 수 없는 거대한 미스터리만 존재한다. 이 미스터리를 용납하려면 근거 없는 맹목적인 믿음을 가질 수밖에 없다. 아무런 합당한 이유 없이, 오히려 모든 이성에 반해 우주가 자연적으로 존재했다고 말하는 믿음이 필요하다. 결국 무신론자들은 논리와 상식을 크게 거슬러야 하기 때문에 그리스도인보다 훨씬 더 큰 믿음이 요구된다.

현대 무신론자들이 공격적인 태도를 보이는 것이 바로 이런 '더 큰' 믿음 때문이 아닐까 싶다. 믿음은 막대한 힘의 원천이니까 말이다. 이것이 무신론자들의 언어가 그토록 호전적이고 근본주의적인 이유를 설명해 준다. 이것이 그들의 하늘을 찌르는 오만을 설명해 준다. 이것이 모든 형태의 공개적인 종교적 표현을 억누르려는 그들의 불같은 노력을 설명해 준다. 현대 무신론자들은 단순히 자신들의 지적 입장을 옹호하고 있는 것이 아니다. 그들은 자신들의 종교를 퍼뜨리고 있다. 그들은 '복음주의적인' 무신론이라는 말을 들으면 발끈하지만 그 표현이야말로 그들의 모습을 정확히 묘사해 주고 있다. 복음주의적인 무신론자들은 신이 없다고 믿을 뿐 아니라 그런 교리를 온 세상에 전하는 일에 집착하는 자들이다.

바로 그렇지 않은가? 이 책의 처음부터 우리는 바로 이런 집착을 계속해서 확인하지 않았는가? 지금까지 리처드 도킨스 같은 무신론자들의 기분 나쁜 포교 활동을 똑똑히 확인하지 않았는가? 그들의 언어는 기독교 근본주의의 불과 유황 설교만큼이나 독하다. 그들은 "믿음은 큰 악 중 하나다. 천연두 바이러스 못지않고, 오히려 그것보다 근절하기가 어렵다"와 같은 과장된 발언을 서슴지 않는 자들이다.[17]

하나님을 지구상에서 근절하는 것, 바로 이것이 새로운 무신론자들의 속셈이다. 바로 이런 속셈 때문에 신자들은 무신론을 단순히 하나님에 대한 거부가 아니라 다음과 같은 두 가지 핵심 교리를 가진 모순적인 종교로 보게 되었다. (1)신은 없다. (2)나는 신을 미워한다!

하지만 이런 독설은 무신론자들의 믿음을 싸구려로 보이게 만드는 효과밖에 없다. 실제로, 나름 이성적인 일부 무신론자들은 그들의 편협함을 보고서 반대의 목소리를 높였다. 예를 들어, 크리스 스테드먼(Chris Stedman)은 〈허핑턴 포스트〉에 기고한 글에서 무신론자인 레자 아슬란(Reza Aslan)의 말을 다음과 같이 장황하게 인용했다.

새로운 무신론 운동이라 불리는 것에는 매우 복음주의적인 요소가 있다. … 리처드 도킨스, 대니얼 데닛(Daniel Dennett), 샘 해리스, 크리스토퍼 히친스 같은 사람들이 촉진시킨 운동을 매우 열성적인 새로운 형태의 근본주의, 즉 무신론 근본주의로 부르는 것은 전혀 과장이 아니다. 그 운동은 종교적 근본주의와 놀랄 정도로 흡사하다. 즉 자신만 유일하게(과학적인 진리든 아니든) 진리를 가졌다고 확신하는 점, 비판자들의 관점을 절대 용납하지 않는 점, 경전을 문자 그대로 읽어야 한다고 주장하는 점(가장 심한 종교적 근본주의자들보다 오히려 더 심하다), 종교적 현상을 단순화하는 환원주의가 그렇다. 가장 이상한 점은 극심한 피해의식이다. 그들은 자신

들이 서구 사회들로부터 억압과 무시를 당해 왔다고 생각하며 더 이상 참지 않겠다고 말한다.[18]

실로 정확한 지적이다. 현대 무신론자들은 단순화되고 호전적이고 불관용적이고 독단적이고 복음주의적이고 비이성적인 자들이다. 요컨대, 무신론자들은 지금까지 종교의 '악한' 면으로 나타났던 모든 특성을 유감없이 보여 주고 있다.

하지만 신자들의 복음주의적인 믿음과 현대 무신론자들의 믿음에는 한 가지 막대한 차이점이 있다. 하나님을 믿는 사람들은 그분이 다른 것에서 비롯하지 않고 스스로 존재하는 실재일 뿐 아니라 역사 속으로 들어와 초라한 나사렛 목수의 형태로 우리 중 하나가 되신 인격적인 존재라는 복된 소식을 온 세상에 전하길 원한다. 그들은 이 하나님이 우리를 사랑하고 아끼시며, 세상에 가득한 수많은 고통에도 불구하고 죽음은 끝이 아니라 오히려 진정한 삶 곧 '영생'의 시작이라는 복된 소식을 전하길 원한다. 이것이 사실이라면 최대한 넓고도 멀리 전해야 마땅한, 실로 복된 소식이다.

반면, 무신론자들의 복음주의적인 믿음은 정반대다. 그들의 신념 끝에는 죽음이 있다. 모든 것에 대한 죽음. 그들이 이 암담한 허무의 철학을 홀로 간직하는 것으로 만족한다고 생각한다면 철저한 오산이다. 그들은 허무의 철학을 왜곡된 복음으로 바꿔 세상 끝까지 전하려고 하고 있다. 이것이 의미하는 바는 무엇인가? 이 책에서 여덟 장을 달려왔지만 아직도 분명하지 않다.

이 이상한 불신의 철학은 도대체 무엇인가? 교만과 오만, 무지로 가득한 이 이상한 '것', 거짓말과 미움, 살인으로 가득한 이 이상한 것, 죽음과 사랑에 빠져 있는 이 이상한 것, 자신이 경멸하는 모든 종교보다도 더 맹목적인 믿음을 품고 있는 이 이상한 것, 세상의 구석구석까지 더러운 촉수를 마구 뻗치려는 이 이상한 것은 도대체 무엇인가? 무엇보다도, 이것의 궁극적인 동기와 목적은 무엇인가?

마침내 우리는 진실의 순간 앞까지 왔다. 모든 질문에 대한 답이 나타나는 순간이 곧 다가온다. 단테(Dante)의 《신곡 지옥편》(*Inferno*)에 보면 지옥에는 아홉 개의 원이 있는데 각 원은 이전 원보다 더 무시무시하며 원마다 특별한 형태의 처참한 고문이 이루어진다. 이제 우리는 무신론이라고 하는 이 지옥 같은 신념 체계를 구성하는 주요 원들을 다 지났다. 마침내 불길이 활활 타오르는 중심에 도착했다.

믿음은 광신적이고 근본주의적이며
사이비 종교적인 개념이 아니다.
믿음은 이 땅에서의 삶을 위한 '필수품'이다.
무신론자들도 스스로 인정하든 인정하지 않든
믿음에 의존해서 살아가고 있다.

Inside the Atheist Mind

9.

무신론자들의 악의

무신론의
깨진 얼굴

희망을 버리라, 여기 들어온 너희 모두여!

_ 지옥 입구 위에 새겨진 문구. 단테 알리기에리(Dante Alighieri)의

《신곡 지옥편》3편

우리는 앞서 새로운 무신론자들이 자신의 신념 체계를 퍼뜨리는 일에 대해서 거의 복음주의적인 열심을 품고 있다는 사실을 살펴보았다. 최근의 조사 결과들이 믿을 만하다면 그러한 노력이 결실을 맺고 있다는 증거가 점점 늘어나고 있다.

조사 결과들에 따르면, 무신론은 전 세계적으로 무서울 정도의 성장세를 보이고 있다. 프랑스와 네덜란드, 뉴질랜드, 영국, 호주 같은 나라에서는 조만간 그리스도인들이 무신론자들 혹은 '무종교인들'에게 다수의 자리를 내어 줄 것이다. 사실, "세상에서 가장 새로운 주요 종교 : 무종교"라는 제목의 〈내셔널 지오그래픽〉(National Geographic)지 최근 기사에 따르면 "무종교인"은 현재 유럽에서 두 번째로 큰 "종교 집단"이다.[1] 미국에서는 무종교인이 전체 인구의 거의 4분의 1을 차지하고 있다. 불과 10년 사이에 가톨릭과 주류 개신교, 그리고 모든 비기독교 종교를 추월했다.

하지만 이런 수치도 무신론의 문화적 영향력을 고려하지 않은 수치일 뿐이다. 앞서 우리는 스스로를 '무신론자'로 부르지는 않지만 유대교와 기독교를 비롯한 모든 종교의 교리를 대부분 거부하는 사람들이 얼마나 많은지를 살펴보았다. 다시 말해, 그들이 말로 표현하는 종교적 관점은 그들의 실생활에 거의 영향을 미치지 못하고 있다. 그들은 이름만 신자일 뿐, 삶과 행동은 철저히 세속적이다. 따라서 그들은 인구 조사에서 무신론자로 분류되지 않을 뿐 모든 실질적인 면에서 무신론자나 다름없다.

요컨대, '종교의 반격'이 만만치 않음에도 불구하고 우리는 세속적 가치가 문화의 대부분을 지배하는 사실상의 무신론 사회에서 살고 있다. 언론, 학술계, 엔터테인먼트 산업, 정부는 그 정도가 특히 더 심하다. 사실, "신은 죽었다"라는 니체의 선포 이후 150년 동안 무신론자들은 그 예언을 실현시키기 위해 밤낮으로 뛰어다녔다.

그렇다면 무신론자들이 이렇게 열심을 다한 실질적인 결과는 무엇인가? 죽음과 허무의 철학은 어떤 열매를 맺었는가?

지난 세기의 전쟁과 핍박, 대량학살, 낙태, 자살, 안락사에 관해서는 이미 자세히 살펴보았다. 이 모두는 무신론 문화가 죽음의 문화라는 증거다. 하지만 이것들은 빙산의 일각일 뿐이다. 우리 삶의 모든 면에 자기중심적이고 절망적인 무신론 철학의 시꺼먼 때가 묻어 있다. 실제로, 최근의 해리스 여론조사(Harris Poll)에서 미국인 세 명 중에 겨우 한 명만 행복하다고 답변했다.[2]

현대의 눈부신 과학적 의학적 발전을 생각하면 참으로 뜻밖의 결과다. 삶이 전에 없이 편리하고 안락해졌는데 왜 그에 따라 만족의 수치는 높아지지 않았는가? 오히려 고통의 울부짖음만 전에 없이 커진 이유는 무엇인가?

왜 이혼과 신경쇠약, 스트레스 관련 질병만 날마다 기록적인 수치를 기록하고 있는가? 폭력적인 범죄, 가정 폭력, 아동 학대, 성폭력, 강간, 마약 중독, 알코올 중독, 우울증이 역사상 가장 높은 수준인 이유는 무엇인가? 왜 전 세계적으로 3억 5천만 명이나 되는 사람이 우울증과 근심에 시달리는 것일까?[3] 이 유례없는 기술과 경제의 풍요 시대 한복판에 왜 이토록 '불행'이 가득한 것일까?

무신론자들의 반박이 귀에 선하다. "무슨 소리! 전보다 훨씬 좋아졌어. 세속주의의 득세 이후로 공민권과 여성의 권리가 얼마나 신장되었는지 봐!"

물론 사회적으로 중요한 개선들이 나타난 것은 사실이다. 하지만 무신론자들 덕분은 절대 아니다. 가장 중요한 투쟁의 시기에 무신론자들은 코빼기도 보이지 않았다.

공민권 운동의 가장 영웅적인 리더들이 하나님을 믿었다는 사실을 또 다시 이야기해야 하는가? 마틴 루터 킹 주니어는 침례교 목사였고, 맬컴 엑스(Malcolm X)는 흑인 이슬람교도였다. 둘 다 목숨을 바쳐 공민권 운동을 벌일 힘과 용기, 지혜를 신앙에서 얻었다고 당당히 고백했다.[4] 사실, 로사 파크스(Rosa Parks), 랠프 애버내시(Ralph Abernathy), 일라이저 무하마드(Elijah Muhammad), 심지어 존 F. 케네디(John F. Kennedy)까지 1960년대 공민권 운동의 위인들은 하나같이 신자들이었다.

여권 운동도 마찬가지다. 낙태와 우생학에 열광하는 가족계획연맹의 괴물들에게 그 운동을 강탈당하기 전 최초의 페미니스트 리더들은 열정적인 그리스도인들이었다. 미국 역사 속에서 여성 참정권 운동을 이끌었던 인물들의 면면을 보라. 수전 B. 앤서니(Susan B. Anthony), 사라 F. 노턴(Sarah F. Norton), 빅토리아 우드헐(Victoria Woodhull) 같은 여성들은 하나님을 믿었을 뿐 아니라 낙태반대론자들이었다(당연히 그럴 수밖에 없다. 여성의 자유로 가는 길이 꼭 태어나지 않은 아기들의 시체로 포장된 길이어야 하는가).

페미니스트의 역사가 태아의 대량학살 같은 참극으로 더럽혀지기 시작한 것은 세월이 훨씬 더 지나서 글로리아 스타이넘(Gloria Steinem) 같은 무신론자들이 주도권을 잡은 뒤의 일이다.

그렇다. 지난 백 년 사이에 인권이 눈부시게 성장한 것은 사실이다. 하지만 그것은 불신자들이 '아니라' 어디까지나 신자들이 흘린 피와 땀, 눈물의 결과다. 현대 사회의 불안과 절망이야말로 무신론자들의 작품이다.

G. K. 체스터턴은 무신론이 "가장 대담한 교리"라는 말을 했다. 그것은 무신론이 인간 본성에 근본적으로 반하는 것 곧 '전칭 부정'(universal negative)을 하기 때문이다.[5] 이런 부정적인 정신이 오늘날의 우울한 사회 분위기 이면에 숨은 주범이다. 라비 재커라이어스(Ravi Zacharias)는 자신의 책 *The Real Face of Atheism*(무신론의 맨얼굴)에서 다음과 같이 설명한다.

> 하나님을 죽인 탓에 무신론자에게는 존재의 이유, 지켜야 할 도덕, 삶의 의미, 죽음 너머의 희망이 없다. 특히, 미래의 소망의 부재는 흰개미들이 거대한 나무의 기초를 갉아먹듯 현재에 영향을 미쳐 삶의 구조를 갉아먹는다. 이렇듯 소망은 현재를 소중하게 만들어주는 필수불가결한 요소다. … 니체가 죽은 지 1백 년이 넘게 지난 지금, 세상에는 현실도피가 가득하다. 우리의 수많은 젊은이들로 하여금 현실을 도피하게 하는 것은 이 지독히 음울하고 절망적인 철학이다. 희망 없는 사람들은 절망감을 떨쳐내기 위한 절박한 몸부림으로 마약이나 술처럼 이 공허의 견고한 진을 깨뜨려 줄 것만 같은 위험한 행동에 의존한다. …… 이것이 무신론의 깨진 얼굴이다. 그 얼굴은 죽음을 응시하고 있다. 허무와 절망의 메마른 사막을 바라보고 있다.[6]

바로 그렇다.

하지만 이유는 여전히 설명되지 않는다. 왜 무신론자들은 이 '공허의 견고한 진', 이 '허무와 절망의 메마른 사막'을 붙잡고 놓지 않는가? 니체의 주장처럼 무신론이 사람들에게 힘을 주기 때문인가?

아니다. 역사상 가장 용감한 사람들, 위대한 명분을 위해 자신의 전부를 희생한 사람들은 하나님을 열정적으로 믿었기 때문이다.

그렇다면 무신론이 사회를 개선하기 때문인가? 역시, 아니다. 앞서 살폈듯이 인권, 공민권, 예술, 과학, 교육의 가장 큰 성과들도 신자들이 이룬 것이기 때문이다.

무신론이 인격을 길러 주기 때문인가? 절대 아니다. 이 책에서 누누이 말하고 증명해 보였듯이 무신론자들은 가장 오만하고 무지하고 위선적이고 밉살스럽고 무자비한 폭력배들이기 때문이다.

무신론이 세상의 고통을 줄이는 데 더 효과적이기 때문인가? 아마도 이것이 가장 설득력 없는 주장일 것이다. 역사를 조금만 훑어봐도 빈민과 환자, 정신적으로 아픈 자, 장애인, 노인, 죽어가는 자들을 돕기 위해 신자들이 얼마나 많은 노력을 했는지 똑똑히 볼 수 있다. 심지어 온통 세속주의에 물든 요즘 세상에서도 ABC 뉴스와 바나 그룹(Barna Group)을 비롯한 조사 기관들의 결과는 그리스도인들이 무신론자들보다 네 배나 많은 시간과 돈을 자선 단체에 주고 있다는 사실을 보여 준다.[7] 네 배나 많이!

사실, 무신론자들은 세상의 고통을 줄여 줄 생각이 전혀 없어 보인다. 암 등의 질병으로 자식을 잃은 부모가 위로를 얻기 위해 성경책을 펴서 죽은 소녀와 청년을 다시 살리신 그리스도에 관한 이야기를 읽는다. 그런데 그들이 "나는 부활이요 생명이니 나를 믿는 자는 죽어도 살겠고 무릇 살아서 나를 믿는 자는 영원히 죽지 아니하리니"라는 그리스도의 말씀에서 힘을 얻으려고 하면 여지없이 다윈과 해리스 같은 저자들에게서 꾸며낸 이야기를 믿는 바보 천치라는 조롱이 날아온다. 무신론의 메시지는 "너 자신을 속이지 마라! 이미 간 자식은 다시 볼 수 없다. 그냥 잊고, 산 사람이나 살아라!"다.

백화점 점원이 명절증후군을 조금이라도 풀고자 작은 크리스마스트리와 아기 탄생 현장을 재현한 작은 모형을 설치하고, 지나가는 쇼핑객들에게 '메리크리스마스'를 외친다. 그러자 무신론 경찰들이 득달같이 들이닥쳐 당장 소송을 걸겠다고 서슬 퍼렇게 위협한다. 그들은 심술궂은 스크루지 영감처럼 "'메리크리스마스'라고 외치는 바보 녀석들은 모조리 쫓아내면 좋겠어"라고 합창한다.[9]

알코올 중독자나 마약 중독자가 갱생 프로그램을 통해 자신보다 큰 영적 힘을 믿은 덕분에 마침내 오랜 절망의 어둠에서 한줄기 희망의 빛을 보게 되자 그 즉시 사방에서 새로운 무신론자들의 공격이 날아온다. "너보다 큰 영적 힘은 없어, 이 바보야! 아니, 영적 힘 따위는 없어!"

젊은이가 세상적인 야망을 버리고 외국 땅에서 복음을 전하는 선교사 혹은 빈민가에서 사역하는 목사 혹은 무료 급식소에서 밥을 퍼주는 수사 혹은 나병 환자의 상처를 씻어주는 수녀 혹은 밤낮으로 세상을 위해 기도하는 수도원 수녀가 되기로 결심한다. 하나님을 위한 그런 이타적인 결심이 이루어지는 순간, 무신론자들이 조소를 날린다. "헛된 희생이야. 꾸며낸 이야기는 그만 믿어! 지어낸 신이 아니라 너 자신을 위해서 살아!"

그렇다. 이것이 현대 무신론자들이 말하는 연민이요 동정이다. 이 말에 다시 그들의 반박이 들려온다. "사람들을 위로하는 것은 우리의 일이 아니야. 우리의 관심은 오로지 진실에 있어."

정말 진실이 무엇인지 알고 싶은가? 무신론자들이 역사와 신학, 철학, 종교를 왜곡시키는 일에 너무 오랫동안 몰두해온 나머지 '진리'가 눈앞에서 노려보는데도 알아보지 못하는 것이 바로 진실이다.

상식적이고 정직하고 지적인 사람이라면 하나님의 존재를 믿는 것이 합리적이라는 사실을 부인할 수 없다는 것이 바로 진실이다. 하나님의 존재를 과학적으로는 증명할 수 없지만 논리적이고 설득력 있게 증명할 방법은 수없이 많다. 또한 무신론의 중심에 절대 풀 수 없는 수수께끼가 있다는 것이 진실이다. 그 수수께끼는 물론 "만물이 어디서 왔는가?" 하는 것이다. 무신론자들도 우주의 존재에 관한 이 궁극적인 질문이 신비에 싸여 있다는 점을 인정해야만 한다. 그 질문은 앞으로도 영원히 신비의 영역으로 남아 있을 것이다.

바로 이것이 진실이다. 분명하고도 객관적인 진실이다. 무신론자들이 인생의 가장 깊고도 중요한 질문들에 관해 분명히 답해 줄 수 없다면 믿음이 수많은 사람에게 주는 위로를 왜 그렇게 못마땅하게 여기는가? 왜 그토록 적대적이고 냉담하고 냉혹한 태도로 일관하는가? 하나님에 대한 믿음이 지독한 고통 가운데 있는 사람들에게 작은 희망의 빛이라도 던져줄 수 있다면 왜 불신자들은 그 작은 희망마저 잔인하게 짓밟지 못해서 안달이 난 것일까? 이것이 우리가 다루고 있는 '진짜' 미스터리다.

　순전히 심리학적인 관점에서 보면 그 답은 "내가 불행하면 남도 불행하기를 바라는 것"일 수 있다. 무신론자들은 아무것도 믿지 않기 때문에 아무런 희망이 없다. 그래서 허무주의와 부정적인 태도에 빠져 지독히 불행할 수밖에 없다. 부정적이고 불행한 사람들이 다 그렇듯 그들은 남들도 다 자기처럼 불행하기를 바란다. 그래서 남들이 자신처럼 절망적으로 굴지 않고 희망을 운운하면 견디지 못하고 폭발한다. 그들이 불행한 상태에 만족할 수 있는 유일한 길은 믿음의 사람들을 자신보다 저능한 미개종족으로 치부하는 것이다.

　하지만 그렇게 해도 분이 완전히 가시질 않는다. 그래서 그들은 아예 그들에게서 믿음을 빼앗기 위해 발악을 한다. "저 종교적인 바보들이 행복해하는 꼴을 도저히 봐 줄 수 없어." 이런 심보로 그들은 종교가 인류에 가한 온갖 '피해'를 지적하며 자신들의 무정과 냉담을 합리화한다. 이런 자기기만을 통해 그들은 넘어진 사람들을 짓밟는 자들이 아니라 오히려 인류를 보호하는 고상한 자들이 된다. 이렇게 보면, 호전적인 무신론자들의 속은 빤히 들여다보일 정도로 유치하기 짝이 없다.

　무신론자들의 적대감에 대한 또 다른 그럴듯한 설명은, 초월적인 진리라는 개념이 자신들의 악하고 이기적이고 부도덕한 욕심을 채우는 데 방해가 되기 때문에 세상에서 그런 개념을 완전히 없애기 위해 발버둥치고 있다는 것이다. 무신론자 크리스토퍼 히친스의 형제이지만 전혀 딴판인 피터 히친스(Peter Hitchens)는 인터뷰와 *The Rage Against God*(하나님에 대한 분노)라는 책에서 위와 같은 주장을 여러 번 펼쳤다.

그의 말을 정리하자면 이렇다. 완전히 무질서하고 무작위적인 우주를 믿고 싶은 이유는 무엇일까? 거대한 우주적 충돌이 일어나도 당장의 결과 외에 아무런 의미를 가지지 않는 우주, 현재의 삶이 사후의 어떤 결과로도 이어지지 않는 우주를 믿고 싶은 이유는 무엇일까? 사실, 답이 너무 뻔해서 물을 가치도 없는 질문이다. 무신론자들은 그런 결과를 원치 않는 것이다. 그들은 자신의 행동에 그 어떤 영원한 의미도 없기를 바란다. 그들은 아무런 제약 없는 쾌락주의를 원한다. 그들의 관심은 오로지 자기 자신에게만 있다. 무신론은 자기 숭배이며, 무신론자들은 기독교처럼 자기 숭배에 반대하는 모든 신념 체계를 자신들과 자신들의 라이프스타일에 대한 위협으로 간주한다.

하지만 이런 설명조차도 불신자들의 주체 못할 광포함이라는 미스터리를 풀어 주지 못한다. 역사 속에서 무신론자들이 저지른 수많은 잔혹한 학살은 여전히 속 시원하게 설명이 되질 않는다. 이는 도무지 감이 잡히질 않는 미스터리다. 이 미스터리를 풀려면 단순한 심리학적 접근 이상의 것이 필요하다. 사실, 이 미스터리에 대한 답을 찾는 방법은 단 하나뿐이다.

이제 우리가 이 책에서 내내 피해왔던 길로 들어서는 수밖에 없다. 이제 '영적' 세계를 탐험해야만 한다. 이 당혹스러운 수수께끼는 결국 신자의 관점, 즉 성경의 관점에서 접근해야만 한다. 그때 비로소 모든 퍼즐이 제자리를 찾아가기 시작한다.

이제부터 우리가 펼치려는 논증은 성경과 교회 역사 속에서 계시된 하나님의 말씀을 바탕으로 하고 있다는 점을 명심하길 바란다. 이 논증은 철학적인 논증이 아니기 때문에 증명할 수는 없다. 하지만 신학적으로 접근하지 않으면 무신론 운동을 온전히 설명하는 것이 불가능하다. 신학적으로 접근하지 않으면 무신론 운동 이면의 힘이라는 '가장 깊은' 차원의 진실을 발견하기가 불가능하다.

이 진실은 매우 어둡고도 불편한 진실이다. 힌트를 원하는가? 이 책에서 계속해서 등장한 단어들, 곧 오만, 기만, 살인, 죽음, 고통 같은 단어들을 찬찬히 곱씹어 보라.

우리는 지난 몇 세기 동안, 특히 지난 몇 년 동안 무신론자들이 보인 행동과 특징들을 묘사할 때 이런 단어를 사용했다. 하지만 이제 이 단어들에 관해 좀 더 찬찬히 생각해 보자. 이 책 말고 다른 어떤 곳에서 이 단어들이 한데 모여 있는 것을 봤는가? 역사 속의 다른 어떤 순간에 이 단어들이 두드러지게 나타났는가?

성경을 조금이라도 읽어본 사람이라면 이 단어들을 어디서 많이 본 기분이 들 것이다. 그것은 이 단어들 혹은 그 변형들이 성경의 첫 번째 책과 마지막 책 곧 창세기와 요한계시록에서 모두 어두운 역할을 맡고 있기 때문이다. 무신론자들이 특히 더 조롱의 대상으로 삼는 이 두 책은 우리기 조금 전에 넌지시 언급한 질문에 초점을 맞추고 있다. 바로, 존재의 기원에 관한 질문이다.

무신론자들은 그 속에 담긴 비유적인 이야기들 때문에 이 두 책을 조롱한다. 예를 들어, 하나님이 6일 동안 세상을 창조하고 일곱 째 날에 쉬셨다는 이야기, 에덴동산에서 살던 아담과 하와의 이야기, 선악을 알게 하는 나무의 이야기, 뱀과 선악과, 인류 타락의 이야기, 하늘에서 벌어진 대천사 미카엘과 사탄의 전쟁 이야기 등이 있다.

무신론자들은 이 이야기들이 허무맹랑한 신화이며, 따라서 유대교와 기독교가 가짜 종교라고 말한다. 하지만 앞서 말했듯이 이것은 허수아비 논법으로 믿음을 무너뜨리려는 부질없는 시도에 불과하다. 대다수 신자들은 이런 이야기가 역사적 사건들에 대한 사실적인 진술 이상의 의미를 담고 있다는 점을 이해하고 있다. 이 이야기들은 숨은 의미와 상징으로 가득한 신학적인 비유다. 이런 이야기의 취지는 심오하고도 보편적인 진리를 단순하면서도 강력한 비유를 통해 쉽게 전달하는 것이다. 그렇다고 해서 이런 이야기가 역사적 사실에 근거하지 않는다는 뜻은 아니다. 역사적으로 정확하지 않다는 뜻은 더더욱 아니다. 다만 주된 메시지가 신학적이라는 뜻이다.

예를 들어, 창세기 첫 장의 중심적인 의미는 하나님이 24시간×6의 시간 동안 우주를 창조하신 것이 아니라 우주가 무에서 '창조'되었고 그 창조 행위의 주체가 바로 '하나님'이셨다는 것이다. 나아가, 하나님은 우주를 마구잡이로 배치하시지 않았다. 하나님은 처음부터 확실한 계획을 품고 계셨다.

창세기를 찬찬히 읽어 보면 철학자들이 오랫동안 추측해왔던 "스스로 존재하는, 다른 것에서 비롯하지 않은, 원인되지 않은 원인"은 철학적인 추상 개념이 아닌 '인격적인' 하나님이시라는 사실을 배울 수 있다. 피조물과 존재의 기쁨을 나누려는 선한 뜻에서 계획적으로 우주를 창조하신 하나님을 발견할 수 있다.

이것이 성경 창조 기사의 핵심이다. 무신론자들은 이런 이야기를 조롱함으로써 문자적 해석 너머를 보지 못하는 지적 얕음을 여실히 드러낸다.[10]

하지만 이것은 성경에서 계시된 진리의 시작일 뿐이다. 성경의 첫 책과 마지막 책은 태곳적부터 존재의 미스터리를 덮고 있던 베일을 벗겨, 하나님이 우주를 창조하실 때 행성과 별 외에도 훨씬 더 많은 것을 만드셨다는 사실을 보여 준다. 하나님은 천사라고 불리는 순수한 영적 존재로 가득한 영적 세계도 창조하셨다. 천사들에 관해서는 잠시 뒤에 좀 더 이야기해 보자.

하나님은 인류를, 단순히 원자와 분자로 구성된 동물이 아니라 그분의 형상을 따라 영혼과 지성, 자유 의지를 지닌 피조물로 창조하셨다.[11] 다시 말해, 하나님은 오직 한 방식으로만 행동하도록 프로그램이 된 로봇이나 컴퓨터를 창조하시지 않았다. 하나님은 육체와 동시에 영으로 이루어졌으며, 선과 악 중 무엇을 선택할지 스스로 결정할 능력을 지닌 인간을 만드셨다.

성경이 전해 주는 위대한 진리는, 우리 '주변'과 '안'의 세상이 물질적일 뿐 아니라 영적이라는 것이다. 또한 성경은 천사라고 불리는 이상한 영적 존재들도 자유 의지를 갖고 있으며, 그들이 창조되었을 때 그들 중 일부가 그 의지로 하나님께 반기를 들었다는 사실을 알려

준다. 그들은 창조주에 대한 반역을 선택했다. 그들은 선을 거부하고 대신 악을 받아들이기로 결정했다. 그들의 동기가 정확히 무엇인지는 알 수 없다. 단지, 교만의 죄가 나타났으며 반란을 일으킨 천사들은 하나님에게서 분리되어 영원한 지옥에 떨어지게 되었다는 사실만 알 뿐이다.[12]

어떻게 선이 아닌 악을, 천국이 아닌 지옥을 선택할 수 있을까? 흥미로운 질문인 동시에 고지식한 사람들은 잘 이해하기 힘든 질문이다. 하지만 생각해 보라. 인류 역사를 보면 이런 선택이 가능하다는 사실을 계속해서 확인하게 되지 않는가? 인류 역사는 너무 혐오스러워서 생각만 해도 소름이 끼치는 범죄로 가득하지 않은가? 이 책에서 우리가 논했던 흉악한 짓들을 생각해 보라. 다중 살인, 고문, 대량학살, 유아 살해, 과거가 우리에게 가르쳐 준 것이 있다면 그것은 영적인 교만과 영적인 악이 엄연히 존재한다는 것이다. 악을 선택하는 것만이 아니라 악을 사랑하고 모든 선을 미워하는 것도 가능하다.

이것이 천사들의 타락에 관한 이야기가 그토록 중요한 이유다. 신자들에게 천사들은 가공의 존재들이 아니다. 그들은 '실재하는' 살아 있는 존재들이다. 기독교와 유대교, 이슬람교는 모든 천사들의 존재를 말하고 있다. 이 종교들은 천사들이 순수하게 영적인 존재일 뿐 아니라 엄청난 힘을 갖고 있으며 수적으로 엄청나게 많다고 가르친다. 실제로 성경은 그들에 대해 "군단"과 "수많은 천군" 같은 표현을 사용한다.[13]

따라서 이 무리 중 상당수가 사탄, 루시퍼, 마귀 같은 다양한 이름으로 불리는 한 천사의 지휘 하에 하나님께 반기를 들은 것은 실로 엄청난 사건이었다. 그 여파가 심지어 지금까지 우리에게까지 미치고 있다.

왜 우리까지 그 영향을 받게 되었을까? 그 이유는 이렇다. 이 소위 타락한 천사들 혹은 악마들은 스스로 하나님께 반기를 들고서 그로 인한 자신들의 불행한 상태에 대해 하나님을 탓하고 있다. 그래서 그들은 온 존재로 하나님을 미워하고 어떻게든 그분께 상처를 주어 분풀이를 하려고 한다. 이것이 영적 교만의 본질이다. 영적 교만은 불순종과 미움, 복수심을 낳는다.

하지만 여기서 문제가 발생한다. 그 누가 하나님께 상처를 입힐 수 있는가? 그 어떤 공격에도 전혀 영향을 받지 않는 전능한 분께 상처를 입힌다는 것은 불가능해 보인다.

하지만 딱 한 가지 방법이 있다. 하나님께 직접적으로 상처를 입힐 수 없다면 유일한 대안은 그분의 형상을 품은 대상을 공격하는 것이다. 그분을 가장 닮은 존재, 그분의 형상을 품은 존재를 공격하는 것이다. 다시 말해, 인간이라고 하는 약한 피조물을 공격하는 것이다.

바로 이것이 사탄과 그 졸개들이 역사 내내 해온 짓이다. 뱀이 에덴동산에서 첫 인류를 유혹한 순간부터 어두운 영적 힘들은 인류를 속이고 상처를 주고 굴욕을 주고 조롱하고 죽이려는 시도를 해왔다.

그들의 전략은 항상 똑같았다. 그들은 인간들이 자유를 남용하도록, 우리가 하나님의 뜻을 버리기만 하면 원하는 모든 힘을 가질 수 있다고 믿도록, 기만전술을 펼쳐왔다. 인류 타락 이야기의 요지는 아담과 하와가 금지된 나무의 열매를 실제로 따먹었다는 것이라기보다는 인류가 '스스로 신이 되라는' 마귀의 부추김에 넘어가 스스로 하나님에게서 멀어졌다는 것이다. 그런 교만하고 이기적인 선택의 결과, 죄와 고난이 세상에 들어왔다.

우리의 첫 부모는 하나님에게서 멀어짐으로써 그분의 모든 것에서 멀어졌다. 그들이 불순종의 결과로서 얻은 것은 그 어떤 자유나 지식도 아닌 타락한 세상의 고통뿐이었다. 죽음, 부패, 전쟁, 질병, 외로움, 노화를 비롯해서 태곳적부터 인류를 괴롭혀온 모든 것이 그때 시작되었다.

이 모든 일은 사탄의 주도로 이루어졌다. 그렇다. 태초부터 '영적 전쟁'이 벌어져왔으며, 이 전쟁의 증거는 오늘날에도 여전히 보인다. 세상에 만연한 죽음의 문화만 봐도 이 전쟁의 존재를 느낄 수 있다. 예를 들어, 성경은 하나님이 "알파와 오메가요 처음과 마지막이요 시작과 마침"이라고 말한다(계 22:13). 하지만 21세기에 마귀는 하나님을 조롱하며 이렇게 말한다. "아니다. 바로 '내'가 시작이자 마침이다. 낙태를 통해 내가 인간 생명이 언제 시작되는지를 통제하고 안락사를 통해 인간 생명이 언제 마칠지 통제한다." 마귀는 항상 하나님의 말씀을 왜곡시킴으로 그분을 조롱한다.

더 소름끼치는 사실이 있다. 프랭크 파본(Frank Pavone) 신부가 지적했듯이, 하나님이 인류에게 사랑의 의미를 가르치기 위해 사용하신 표현이 낙태를 권장하는 데도 사용된다는 사실을 아는가?

그리스도는 돌아가시기 전날 밤 제자들에게 "이것은 너희를 위하여 주는 내 몸이라"라고 말씀하셨다.[14] 이는 희생적인 사랑이 세상을 구원하고 남들에게 생명을 줄 힘이 있음을 보여 주기 위해 하신 말씀이었다. 그런데 낙태 지지자들은 바로 이 표현을 도용하여 자신들의 낙태 찬성 입장을 정당화하고 있다. "이것은 '내' 몸이다. 내 몸은 내 맘대로 할 수 있다. 심지어 내 안에 있는 생명도 내 맘대로 죽일 수 있다."[15]

같은 표현이 이토록 다르게 사용되는 것은 결코 우연이 아니다. 같은 표현이 한곳에서는 생명을 주기 위해서 사용되고 다른 곳에서는 생명을 빼앗기 위해 사용되고 있다. 똑같은 말이 우주의 양쪽 끝에서 동시에 들려오고 있다. 이는 생명과 죽음, 진리와 거짓, 겸손과 교만, 선과 악의 오랜 전쟁이 아직도 진행 중이라는 증거다(낙태한 여성들이 '악'이라는 뜻이 절대 아니다. 사실, 많은 여성이 의사나 남자친구, 남편, 가족, 친구들, 죽음의 문화 전체로부터 오는 압박을 견디지 못해 낙태를 결심한다. 이런 여성은 희생자이며, 이들에게는 언제나 용서와 치유의 길이 열려 있다).

그렇다면 오늘날의 호전적인 무신론자들은 이 무시무시한 전쟁에서 어떤 역할을 하고 있는가?

그들은 마귀의 앞잡이들이다. 그들은 비록 하나님이나 사탄의 존재를 믿지 않지만 자신도 모르는 사이에 영적 악의 사악한 도구 역할을 하고 있다. 세속주의와 쾌락주의, 인본주의, 물질주의 도덕적 상대주의를 외치고, 안락사와 낙태, 유아살해, 죽음의 문화를 촉진시키기 위해 수단방법을 가리지 않는 것이 사탄의 졸개 역할이 아니고 무엇이겠는가. 무엇보다도 그들은 인류의 영적 죽음에 일조하고 있다. 생각해 보라. 인간을 죽이는 것이 사탄이 가장 기뻐하는 일 가운데 하나이긴 하지만 불멸의 영혼을 죽이는 것만큼 하나님의 마음을 아프시게 하는 일은 없다.

사탄의 전략을 분석해 보자. 기독교의 중심에는 '회개'란 개념이 있다. 회개란 죄를 후회하는 것이다. 물론 단순히 말로만 후회만 하는 것이 아니라 악에서 '돌아서서' 하나님께로 '돌아가는' 것이다. 따라서 회개는 교만의 죄를 뒤집는 행위다. 즉 사탄과 그 졸개들이 저질렀고 에덴동산에서 우리의 첫 부모가 따라서 지은 원죄를 뒤집는 행위다. 이것은 우리의 반역적인 본성을 거스르는 진정한 믿음의 증거다. 그리스도인들은 '하나님께로 돌아서는' 이 회개의 과정이 천국에 들어가 하나님과 온전히 연합하기 위한 절대적인 선행조건이라고 믿는다.

또한 그리스도인들은 하나님이 회개를 쉽게 만드셨다고 믿는다. 사실, 죄를 지어 하나님에게서 멀어졌을 때 우리가 해야 할 일은 그저 죄송하다고 말하는 것뿐이다. 그러면 우리가 어떤 죄를 몇 번이나 지었든 상관없이 하나님은 기꺼이 용서해 주신다. 여기서 구속의 신학 전체를 다룰 수는 없어서 간단히 요지만 소개하면, 그리스도의 십자가 희생으로 인해 하나님은 용서의 문턱을 완전히 낮추셨다. 사실, 우리의 구속을 위한 어려운 작업은 하나님이 이미 다 해놓으셨다. 우리는 그저 진심으로 용서를 구하기만 하면 된다(종파와 교단마다 회개를 표현하는 방식이 다르다. 예를 들어, 가톨릭교회는 추가로 고해성사를 해야 한다). 기독교 복음의 핵심은 자비다.

문제는, 마귀도 용서의 개념을 너무나 잘 알고 있다는 점이다. 마귀는 전혀 어리석지 않다. 마귀도 충분히 성경을 읽을 줄 안다. 그래서 마귀는 자신이 노리던 표적이 마지막 순간에 사과 한 번만 하면 그를 하나님에게서 멀어지게 만들기 위한 그간의 노력이 한순간에 수포로 돌아간다는 점을 누구보다도 잘 알고 있다. 따라서 그의 전략의 핵심은 표적이 회개할 가능성을 '원천봉쇄하는' 것이다. 바로 이 부분에서 무신론의 역할이 중요하다.

무신론은 회개의 '가능성 자체'를 없앤다. 생각해 보라. 하나님을 믿지 않으면 사과할 대상이 없지 않은가. 어차피 아무도 듣지 않는데 죄에 대해 사과할 이유가 뭔가.

아울러 무신론은 도덕적 상대주의를 부추긴다. 도덕적 상대주의는 우리가 몇 장 전에 논의한 윤리체계로, 기본적으로 하나님이 존재하지 않기 때문에 객관적인 진리 같은 것은 없다는 주의다. 그렇다면 인간은 맘대로 자신만의 법을 만들어도 되고, 성경의 명령은 지키지 않아도 상관없다.

물론 이것은 에덴동산에서 뱀이 내뱉은 것과 똑같은 거짓말이다. 이것은 우리의 첫 부모를 현혹시켰던 것과 똑같은 철학이다. 이것은 바로 니체의 초인간 관념이며, 회개를 원천봉쇄하기 위한 최고의 전략이다. 인간이 도덕적 상대주의를 채택하게 되면 애초에 죄라는 개념이 사라지기 때문에 죄를 지어도 회개할 필요성이 사라진다. 죄가 존재한다고 생각하지 않으니 사과할 이유가 없다. 이번에도, 사탄의 사악한 목적이 이루어지고 있다.

마지막으로, 무신론자들은 주로 세 가지 방식으로 사탄의 공범 역할을 한다. 첫째, 그들은 인간의 육체적인 죽음을 위해 노력하고 있다. 둘째, 그들은 이생에 대한 절망과 불행의 분위기를 조성하고 있다. 셋째, 사람들이 믿음을 품고 회개하려는 마음을 먹지 못하게 만듦으로써 내세에 행복하게 살 희망을 파괴하고 있다.

대개 무신론자들은 자신들이 얼마나 많은 피해와 고통을 낳고 있는지 전혀 모른 채 이런 악한 짓을 저지르고 있다. 사실, 무신론자들은 역사, 철학, 신학, 심리학, 진정한 과학, 자신들의 무자비함, 자신들이 만든 시체의 산까지 인생의 모든 것을 의식하지 못하고 있다. 특히, 자기 주변에서 항상 벌어지고 있는 영적 전쟁을 전혀 의식하지 못하고 있다. 자신들이 마귀의 꼭두각시로 이용당하고 있다는 사실을 까마득히 모르고 있다. 가장 큰 아이러니는, 그들이 이처럼 철저한 무지의 상태에 빠져 있는데도 불구하고 자신들이 누구보다도 똑똑하다고 믿고 있다는 것이다!

이것이 오늘날 우리가 처해 있는 절박한 상황이다. 지독히 악한 세력들이 우리의 육체적 영적 파괴를 추구하고 있다. 그리고 지구상에서 가장 어리석은 바보들이 그런 파괴를 돕고 부추기고 있다!

도무지 희망이 없어 보인다. 하지만 우리가 아직 하지 않은 마지막 이야기가 남아 있다. 이 거대한 비극의 마지막 퍼즐 조각. 사방이 포위된 상태에서도 고집스럽게 하나님을 믿고 사랑하는 사람들에게 큰 격려가 될 마지막 퍼즐 조각은 무엇일까?

이어지는 장에서 답을 찾을 수 있을 것이다.

성경이 전해 주는 위대한 진리는,
우리 '주변'과 '안'의 세상이 물질적일 뿐 아니라
영적이라는 것이다.

Inside the Atheist Mind

10.

하나님 없는 삶의 종말

그는 가고 없고, 기독교는 여전히 건재하다

2010년 크리스토퍼 히친스가 말기 암 선고를 받자 전 세계 무신론자들에게서 애도의 물결이 이어졌다. 새로운 무신론 운동의 수호성인인 히친스는 표독하고 호전적이고 도발적인 언행으로 사람들의 심기를 건드리는 경우도 많았지만 유쾌하고 재치 있는 모습으로 분위기를 띄우는 재주도 있었다. 그래서인지 그가 병석에 누워 있는 동안 많은 옹호자들이 그를 위해 기도하고 격려의 편지를 보냈다. 이에 그는 감사를 표시하고 심지어 기도가 관심과 사랑의 표현이라는 말까지 했다. 하지만 거기까지였다. 그는 기도를 아무런 쓸모없는 짓으로 치부하면서 '중보기도의 치료 효과'에 관한 2006년 연구를 언급했다. 그 연구 결과에 따르면 '기도의 횟수 및 꾸준함과 기도 대상의 상황이 좋아질 가능성 사이에는' 아무런 연관성이 없다.[1]

이것이 상식 있는 사람들을 혼란스럽고 좌절하게 만드는 무신론자들의 전형적인 사고다. 이것은 하나님을 믿지 않는다고 말하는 것과는 다르다. 지적이고 합리적인 사람들도 얼마든지 그렇게 주장할 수 있다. 하지만 하나님의 기도 응답을 경험적으로 관찰하고 측정한다는 발상은 참으로 어처구니가 없다.

실험 변수들(예를 들어, 기도가 진정인지 아닌지를 어떻게 판단하는가?)의 문제를 논외로 하더라도 그런 실험 자체가 말이 되질 않는다. 생각해 보라. 하나님이 정말로 존재한다면 과연 하찮은 피조물들이 마치 고등학교 교실에서 과학 실험을 하듯 그분을 현미경 아래 놓고 이리저리 뒤집어보도록 허락하실까? 과연 전능한 우주의 창조주께서 한낱 피조물이 자신을 마치 하찮은 물체처럼 다루는 것을 허락하실까?

정신 차리라! 하나님은 분명 우리에게 "너희의 하나님 여호와를 시험하지 말고"라고 경고하셨다.[2]

따라서 기도의 효과 없음을 과학적으로 증명할 수 있다는 생각은 어리석은 과학만능주의의 또 다른 예일 뿐이다. 이 책에서 누누이 설명했듯이 과학만능주의는 명백한 논리적 오류다. 히친스 같은 똑똑한 사람이 이 오류를 발견하지 못했다는 사실은 인간의 사고를 마비시키는 무신론의 힘이 얼마나 지독한지를 여실히 보여 준다.

아이러니하게도, 말년에 히친스는 복도마다 원목들과 수녀들이 돌아다니고 벽마다 종교적 이미지가 가득하며 문마다 십자가가 걸려 있는 워싱턴 D.C.의 한 가톨릭 병원에서 꽤 오랫동안 치료를 받았다. 물론 그의 병실 문에도 십자가가 걸려 있었다.

이 사실은 그의 사후 그의 아내가 한 인터뷰에서 털어놓은 것이다. 인터뷰 도중 그녀는 남편이 거동도 못할 정도로 아파 침대에 누워 있는데 주변에 노골적인 종교적 심벌이 가득해서 "마음이 편하지 않았다"며 인상을 찌푸렸다. "인간 유전체 사진이라면 그나마 괜찮았을 거예요. 거대한 십자가보다는 나았을 거예요. 최신 의학의 세계에서 이건 정말 환장할 노릇이지 않나요?"[3]

그렇다면 인간 유전체란 무엇인가? 죽음을 앞에 두고서도 무신론의 비상식은 한계를 모른다. 물론, 벽에 걸린 십자가의 목적은 병원에서 신음하는 모든 환자들이 하나님도 막대한 고통을 겪으셨으며, 우리가 어떤 병에 걸렸어도 우리의 끝은 죽음이 아니라 부활이요 생명이라는 사실을 상기시켜 주는 것이다.

역시나 히친스의 아내 같은 무신론자들은 이 단순하고도 고귀한 메시지가 얼마나 큰 위안이 되는지를 알아보지 못한다. 히친스의 아내는 지적으로 너무 얕아서, 단지 (인간 유전체 사진이 아닌) 십자가가 벽에 걸려 있다는 사실만으로 그 병원이 과학과 의학을 중시하지 않는다고 섣불리 결론을 내렸다.

히친스의 아내는 그 병원이 가톨릭 병원이라는 더 중요한(그리고 명백한) 사실을 망각하고 있었다. 그곳은 무신론 교회가 아니었다. 물론 그런 교회는 어디에도 없지만. 그곳은 심지어 개인이 소유한 일반 병원도 아니었다. 그곳은 교회가 설립하고 짓고 전반적인 관리를 하는 병원이었다.[4] "종교가 모든 것을 오염시킨다"라고 말한 남자는 숨을 거두는 그 순간까지도 종교를 향한 사랑에서 도망칠 수 없었다.

물론 무신론자들은 이 거대한 아이러니를 완전히 놓치고 있었다. 혹시 히친스가 마지막 순간에 회심할까봐 걱정하느라 바빠 이런 아이러니에 관해 생각할 겨를이 없었던 것은 아닐까? 하긴, 자신들의 영웅이 그런 행동을 한다면 그들로서는 엄청난 충격을 받을 수밖에 없다. 하지만 결과적으로, 아무런 걱정을 할 필요가 없었다. 히친스는 마지막 숨을 내쉬는 순간까지도 철저한 무신론자로 남았다. 그가 마지막으로 힘겹게 내뱉은 말은 '자본주의'와 '몰락'이었다고 한다.[5]

그의 입에서 마지막으로 나온 말이 세속적인 용어들이었다는 소식이 알려지자 전 세계의 무신론자들은 안도의 한숨을 내쉬었다. 그들은 그 용어들을 히친스가 불신자로 죽었다는 확실한 증거로 받아들였다. 하지만 이번에도 그들은 더 큰 질문을 완전히 놓쳤다. "그들이 애초에 왜 걱정을 했는가?"

그것은 말년에 하나님께로 귀의한 무신론자가 너무도 많기 때문이 아니던가. 사실, 그들의 입장에서는 그런 안타까운 사례가 너무도 많았다. 20세기 후반부에 세상에서 가장 유명한 불신자는 앤터니 플루(Antony Flew)다. 도킨스나 데닛, 히친스, 해리스가 하나님과 종교를 공격하기 훨씬 전에 플루는 무신론 운동의 대표적인 대변인이었다.

뉴질랜드 이성주의자 및 인본주의자 협회(New Zealand Association of Rationalists and Humanists)의 명예 회원이자 회의주의 탐구 위원회

(Committee for Skeptical Inquiry) 위원이었던 플루는 "지식을 갖고 있다는 주장을 평가하고 사회적 문제를 해결하기 위한 비판적인 탐구와 과학적 증거, 이성의 사용에 오랫동안 기여해온" 공로로 '인 프레이즈 오브 리즌 어워드(In Praise of Reason Award)'를 비롯해서 학술계에서 많은 인정을 받았다.[6]

그러다 2004년에 생각지도 못했던 일이 벌어졌다. 플루는 하나님을 믿게 되었다는 선언으로 온 세상을 충격에 빠뜨렸다. 그의 변절에 무신론자들은 불같이 분노해서 그를 공격하기 시작했다. 그런가 하면 그의 회심이 정신력 약화 때문인지를 확인하기 위한 질문도 빗발쳤다.[7]

하지만 플루의 정신은 더없이 또렷했다. 하나님을 믿게 된 이유를 묻는 질문에 그는 차분히 다음과 같이 대답했다.

특히 결정적인 요인은 두 가지였다. 하나는, 물리적 우주의 복잡성 이면에 지적인 존재가 있어야 한다는 아인슈타인 같은 저명한 과학자들의 통찰에 점점 더 공감하게 된 것이다. 두 번째 요인은 우주보다도 훨씬 더 복잡한 생명의 복잡성이 지적인 근원의 존재로만 설명될 수 있다는 나 자신의 통찰이다. 나는 생명과 번식의 기원이 수많은 노력에도 불구하고 생물학적 견지에서는 설명될 수 없다고 믿는다. 해를 거듭할수록 생명의 풍요로움과 거기에 내재된 지성을 보게 되고, 그럴수록 화학적 수프가 마법적으로 유전자 코드를 생성했을 가능성이 점점 더 낮게 보였다. 생명과 비생명의 차이가 화학적인 것이 아니라 존재론적인 것이라는 점이 분명히 보였다. 이 점을 가장 잘 확인시켜주는 것은 생명의 기원이 '우연'이라는 리처드 도킨스의 《만들어진 신》에 등장하는 우스꽝스러운 주장이다. 이것이 당신이 내놓을 수 있는 최상의 근거라면 그것으로 게임 오버다. 나는 어떤 음성도 들은 적이 없다. 내가 이런 결론에 이른 것은 명백한 증거 때문이다.[8]

어떤가? "정신력 약화"와는 거리가 멀어 보이지 않는가? 그럼에도 무신론자들은 플루를 향해 지독한 욕설을 퍼부었고, 지금까지도 충격에서 헤어 나오지 못하고 있다. 이러니 그들이 히친스가 회심할까봐 전전긍긍한 것도 무리는 아니다.

요지는, 무신론자가 나이를 먹을수록 무신론이 비논리적이고 모순되었다는 사실을 깨닫기 시작할 가능성이 높아진다는 것이다. 삶의 경험이 쌓이면 어느 정도 지혜도 쌓이기 마련이며, 지혜는 거짓의 적이다.

이 외에도 무신론자들이 나이를 먹을수록 신자가 되기 쉬운 더 결정적인 이유가 있다. 이 이유는 과학이나 철학, 심지어 죽음의 공포와도 관련이 없다. 이 이유는 '막다른 길 법칙'이라는 것과 관련이 있다.

이 법칙은 아주 간단하다. 막다른 길이라는 표지판을 무시하거나 보지 못하고서 그 길로 들어가면 곧 '경험'을 통해 길이 막혔다는 사실을 알게 된다는 것이다.

당신이 표지판을 가짜로 생각하는지 혹은 그 길을 좋아하는지는 중요하지 않다. 표지판을 무시하면 출구가 없는 곳, 어쩌면 가파른 절벽 같은 위험이 있는 곳에 이르게 된다. 탈출할 방법은 단 하나뿐이다. 몸을 돌려, 왔던 길로 되돌아가는 것이다.

역사 내내 교회는 무신론으로 가는 길을 따라 막다른 길 표지판을 세워왔다. 하지만 특히 요즘에 많은 사람이 그 표지판을 무시했다. 하지만 사람들이 아무리 무시해도 표지판의 메시지가 사실이라는 점은 바뀌지 않는다. 스스로 무신론자라고 말하는 사람들이나 사실상 무신론자처럼 사는 사람들은 결국 뼈아픈 경험을 통해 무신론이 막다른 길이라는 점을 배우게 된다.

이 책에서 계속해서 한 말이지만 아무래도 또 한 번 해야겠다. 인간은 초월에 대한 자연적인 갈망을 타고났다. 우리 내면 깊은 곳에는 선함과 사랑, 영원, 곧 하나님에 대한 갈망이 숨 쉬고 있다. 요한복음에서 예수님이 오직 하나님만이 우리에게 '생수'를 주실 수 있으며 누구든 그 생수를 마시는 자는 "영원히 목마르지 아니"할 것이라고 말씀하신 것은 바로 이 갈망을 염두에 두신 말씀이다.[9]

스스로 알든 모르든 무신론자들도 하나님에 대한 갈망을 채워줄 수 있는 생수를 찾고 있다. 삶 속에서 하나님을 배제한 탓에 그들의 영혼에는 메마른 빈 공간이 생겼다. 그들은 돈이며 일, 권력, 섹스, 학문, 건강, 쾌락, 오락, 과학주의, 금욕주의, 범신론, 쾌락주의 같은 온갖 것으로 그 공간을 채우려고 애를 쓰고 있다. 무엇보다도 그들은 '자기 자신'으로 그 공간을 채우려고 한다. 그로 인해 그들은 하나님을 섬기는 대신 자기 자신의 우상이 되어버렸다.

문제는 이런 방식이 전혀 통하지 않는다는 것이다. 이 모든 것은 하나님의 빈자리를 채울 힘이 없다. 이 모든 것은 세상에 가득한 고통과 비극의 수수께끼를 풀어 주지 못한다. 이 모든 것은 지극히 작은 희망, 지극히 작은 위로조차 주지 못한다. 이 모든 것은 초월의 욕구를 충족시켜주지 못한다.

결국, 무신론은 행복의 열쇠를 갖고 있지 못하다. 인간은 희망 없이 살 수 없는데 무신론은 철저히 절망의 철학이다. 이것이 무신론이 역사 내내 철저히 실패해온 이유다. 무신론이 해결한 사회 병폐가 하나라도 있으면 대보라. 단 하나도 댈 수 없을 것이다. 왜냐하면 실제로 하나도 없으니까. 오히려 무신론이 낳은 비극만 끝이 없다.

그래서 많은 사람이 무신론을 받아들이고 처음에는 만족하기도 하지만 결국 불신의 길이 얼마나 암담하고 어둡고 절망적인지만 뼈저리게 깨닫게 된다. 그렇게 막다른 길의 끝에 이르렀을 때 선택사항은 두 가지다. 크리스토퍼 히친스처럼 절벽 아래로 뛰어내릴 수도 있고 앤터니 플루처럼 되돌아갈 수도 있다.

오늘날, 전에 없이 많은 사람이 저 벼랑 아래 심연으로 뛰어내리고 있는 듯하다. 하지만 그 어떤 힘도 인류의 다수로 하여금 상식이나 행복의 욕구를 잃어버리게 만들 수는 없다. 무신론 책이 아무리 많이 출판되어도, 아무리 많은 무신론자 유명인사가 교회를 욕해도, 종교적 자유를 억압하는 법이 아무리 많이 제정되어도, 하나님을 믿으려는 욕구를 세상에서 완전히 없애는 것은 불가능하다. 그것은 곧 인간 본성 자체를 없애려는 시도나 다름없기 때문이다. 한 명의 무신론자가 절벽에 이르러 몸을 돌리면 언제나 수많은 무신론자가 따라서 몸을 돌린다. 그렇게 몸을 돌려 절망에서 치유된 자들은 모두가 똑똑히 볼 수 있는 새로운 막다른 골목 표지판들이 된다.

결국 무신론자들은 벼랑 끝에서 돌아오는 다른 무신론자들과 충돌할 수밖에 없다. 무지한 새로운 무신론자들은 보지 못하고 있지만 현실은 그런 충돌을 분명히 보여 주고 있다. 전반적인 무신론 운동은 전 세계적으로 약해지고 있다. 퓨 리서치 센터(Pew Research Center)가 벌인 광범위한 연구에 따르면, 2050년에 이르면 무신론자, 불가지론자, 무종교인이 숫자는 "미국과 프랑스 같은 나라에서 증가하고 있음에도 불구하고 … 세계 전체 인구에서 차지하는 비율은 줄어들 것이다."[10]

조사에 따르면 전 세계의 기독교 인구는 21세기 중반 29억 명에 이를 것으로 전망되는 반면, 이슬람교도의 숫자는 거기에 훨씬 못 미친다.[11] 최근 남미와 아프리카, 아시아에서 기독교 인구가 급격히 늘어난 것이 이런 폭발적인 성장세의 원인이다.[12]

예를 들어, 1900년 아프리카의 기독교 인구는 약 870만 명에 불과했다. 하지만 지금은 3억 9천만 명이며, 2025년에는 6억 명에 이를 것으로 전망된다.[13] 남미에서도 현재 3억 5천만 명인 기독교 인구가 같은 기간에 4억 6천만 명으로 증가할 것으로 추정된다.[14]

가장 흥미로운 사실은 중국에서도 기독교 인구가 수직 상승했다는 것이다. 1949년만 해도 중국의 기독교 인구는 불과 4백만이었지만 지금은 6천 4백만을 헤아린다.[15] 물론 중화인민공화국은 여전히 공식 종교가 무신론인 공산주의 국가다. 비록 그곳에서도 종교의 자유가 꽤 개선되긴 했지만, 20세기 내내 중국 종교 단체들은 엄격한 정부 통제 하에 있었고 많은 종교 활동이 철저히 금지되었다. 하지만 이제 그곳에서도 기독교가 성장하고 있다. 2007년의 기록에 따르면 중국의 기독교 인구는 전체 인구의 무려 5퍼센트를 차지했다.[16]

러시아의 상황도 비슷하다. 소련 공산 체제 아래서 종교는 70년간 금지와 핍박을 당했다. 그곳에서는 실로 잔인한 방법으로 무신론을 강요했다. 소련 정부는 기존의 모든 종교를 박멸할 뿐 아니라 젊은 이들의 세뇌를 통해 미래에 종교가 다시 싹틀 가능성을 원천봉쇄하는 것을 국가의 공식적인 목표 중 하나로 삼았다. 이런 광범위한 정책을 70년간 무자비하게 펼쳤음에도 불구하고, 현재 러시아에는 약 1억 명의 그리스도인이 살고 있으며 2050년에는 그 수치가 두 배로 늘어날 것으로 전망된다.[17]

요컨대, 사람들이 무신론을 받아들이도록 강요하거나 달래거나 세뇌시키거나 핍박할 수는 있지만 결국 그들은 반발하게 되어 있다. 결국 그들은 믿음으로 돌아오게 되어 있다. 믿음은 마치 초강력 고무 밴드처럼 탄력이 무한해서 어떤 경우에도 결국 본래의 형태로 돌아오게 되어 있다.

반면, 무신론은 오래 버틸 힘이 없다. 왜냐하면 사실 무신론은 이미 죽은 것이기 때문이다. 서구의 무신론이 자기 무게를 못 이겨 무너지는 것은 시간문제다. 뱀이 자신을 집어 삼키는 것은 시간 문제다.

바로 이 일에서 신자들의 역할이 매우 중요하다. 21세기의 신자들은 매우 중요한 선택 앞에 놓여 있다. 그 선택에 따라 무신론의 종말을 지연시킬 수도 있고 앞당길 수도 있다.

결국, 오늘날 미국에서 무신론이 존재할 뿐 아니라 번성하고 있는 유일한 이유는 신자들이 그것을 허용하고 있기 때문이다. 신자들이 무신론을 가능하게 만들고 있다. 믿음대로 살고 믿음에 필요한 희생을 하는 참된 신자들을 말하는 것이 아니다. 행동에서 믿음이 묻어 나오는 신자들을 말하는 것이 아니다. 믿는 '연기'를 하는 자들을 말하는 것이다. 삶에서 믿음의 색깔이 전혀 나타나지 않는 자들, 고수해야 할 교리들을 오히려 거부하는 자들을 말하는 것이다.

이들은 입맛에 맞고 따르기 쉬운 교리만 취사선택하는 소위 '뷔페 그리스도인들'이다. 이들은 주변의 세속 문화만큼이나 세속적인 가치들을 퍼뜨리고 있는 자들이다. 다시 말해, 이들은 우리가 앞서 자세히 다루었던 실질적인 무신론자들이다. 최근 몇 십 년 사이에 새로운 무신론이 불같이 일어나 그 절망적이고 죽음 중심적인 행보를 이제껏 이어올 수 있었던 것은 다 이런 위선자들이 득세한 까닭이다.

이 신자들이 공언한 믿음대로 행동했다면 그 믿음이 풍성한 열매를 맺어 무신론이 이 사회에 발붙일 곳이 없었을 것이다. 무신론이 이만큼 깊이 뿌리를 내려 자랄 수 없었을 것이다. 역사의 다른 시대들처럼 무신론이 시들어 흔적조차 찾지 못하게 되었을 것이다. 진리 앞에서 언제나 오류는 도망치게 되어 있다. 선 앞에서 언제나 악은 죽게 되어 있다.

오늘날의 실질적인 무신론자들은 불신을 허용한 주범이다. 그들은 불신자들의 숨통을 활짝 틔워 주었다. 덕분에 불신자들의 지위는 유례없는 수준까지 격상되었고, 그 결과로 무신론이 유행병처럼 서구 사회의 구석구석까지 퍼졌다.

또한 불가지론자들도 그에 못지않은 원흉들이다. 우유부단한 이 현대의 햄릿들도 부지불식간에 무신론의 발호에 일조했다. 아니, 그들도 실질적인 무신론자들이다. 불가지론은 하나님에 관해 선택해야 할 책임 혹은 의무를 회피하는 것이다. 불가지론자들은 이렇게 말한다. "믿음에 반대하지는 않는다. 다만 나는 확신하지 못하겠다. 먼저 나에게 증명해 보라. 증명하면 믿겠다."[18]

이런 사고의 유일한 문제점은 유대 기독교 하나님의 본성을 전혀 고려하지 못한 사고라는 점이다. 구약과 신약의 인격적인 하나님은 자유를 중시하신다. 물론 그분은 모든 사람이 그분의 존재를 믿을 수밖에 없도록 하늘에 불타오르는 거대한 십자가가 나타나게 하실 수도 있다. 하지만 그분은 그 무엇도 강제로 하도록 만들지 않으신다.

대신 그분은 우리가 자유로운 선택을 할 수 있도록 필요한 모든 증거를 주신다. 그분은 자연과 논리, 상식, 믿을 만한 증거, 계시라는 모든 증거를 우리 앞에 놓고서 선택을 우리에게 맡기신다. 이것이 믿음이 궁극적으로는 느낌이 아니라 선택인 이유다. 충분한 지식을 바탕으로 한 선택이지만 엄연히 선택은 선택이다. 사실, 아무리 오래 살아도 하나님이 존재하거나 존재하지 않는다는 수학적 증거 비슷한 것조차 얻을 수 없기 때문이다. 결국은 모두가 선택의 필요성 앞에 놓이게 된다. 모두가 '반드시' 선택을 내려야 한다.

이것이 불가지론자들이 놓치고 있는 점이다. 그들은 하나님에 관해 확실한 선택을 내리지 않고도 별 탈 없이 살아갈 수 있다고 생각한다. 그들은 선택하지 않아도 아무것도 놓치지 않는다고 생각한다. 하지만 그것은 자기기만이다. '반드시' 무엇인가를 놓친다. 일단, 신자라는 정체성을 놓친다. 그리고 그 정체성과 함께 따라오는 은혜와 변화도 놓친다. 소망도 놓친다. 이 소망 없이는 로맨스나 모험, 자유도 없다. 무엇보다도, 하나님과의 관계를 놓친다. 이생과 내세 모두에서 말할 수 없는 기쁨의 근원이 되어주는 관계를 놓치는 것이 얼마나 막대한 손해인가.

우리는 세속주의자들에게 철저히 세뇌당해, 세상에서 가장 위대한 것이 열린 마음이며 세상에서 가장 위대한 일이 답을 찾는 탐구라고 믿고 있다. 하지만 이것은 철저히 모순이다. 생각해 보라. 뭔가를 탐구하는 목적은 결국 그것을 찾는 것이다. 그런데 열린 마음은 사실상 진리에 대해 철저히 닫힌 마음이다. 열린 마음은 진리를 찾을 수 없는 마음이며, 끝없는 탐구는 무의미한 탐구다. 서른 살이 넘도록 아직 하나님에 관한 결정을 내리지 않았는가? 그렇다면 삶의 우선순위가 철저히 잘못된 것이다. 지금 당신은 자신이 무신론자는 아니라고 스스로를 속이고 있다. 아니다. 당신은 무신론을 돕는 실질적인 무신론자다. 더 이상 시간을 낭비해서는 안 된다. 이제 양단간에 선택을 내려야 할 때다.

궁극적으로, 크리스토퍼 히친스의 비극은 너무 일찍 죽은 것이 아니라 진리를 찾는 탐구에서 실패했다는 것이다. 그는 진리가 눈앞에서 노려보는데도 끝내 그것을 발견하지 못했다.

병든 몸으로 병실 침대에 누워 있을 때 필시 히친스는 문간에 걸려 있던 커다란 십자가를 가끔씩이라도 올려다봤을 것이다. 기독교의 상징인 그 십자가에 그가 그토록 찾던 모든 진리가 담겨 있었건만.

그 십자가에는 하나님이 계시며 그분은 추상적인 개념이 아니라 우리를 아끼시는 인격적인 창조주요 아버지시라는 진리가 담겨 있었다. 그 십자가에는 그분이 우리를 너무 사랑하셔서 우리와 같은 인간이 되셨고 심지어 에덴동산에서 우리의 첫 부모가 지은 죄를 사하기 위해 죽음까지 감내하셨다는 진리가 담겨 있었다. 그 십자가에는 생명의 열쇠가 사랑이고 사랑의 열쇠는 자기희생이며 자기희생의 열쇠는 아버지의 뜻 앞에 자신의 뜻을 내려놓는 항복의 행위라는 진리가 담겨 있었다.

그 십자가에는 이 세상에 가득한 악의 미스터리에 관한 진리가 담겨 있었다. 히친스는 정치적인 악, 경제적인 악, 사회적인 악 같은 자신이 생각하는 악과의 싸움에 일생을 바쳤다. 하지만 인류 역사상 최악의 악은 바로 그의 병실 입구 위에 걸려 있었다. 바로, 십자가 사건이라는 악.

십자가 사건은 인류 역사상 단연 가장 끔찍한 배은망덕과 기만, 배신, 부패, 음란, 악의의 행위였다. 만물과 만인의 창조주께서 자신의 피조물에게 죽임을 당하셨다. 이 범죄는 살인이나 부친 살해, 동족 살해, 심지어 대량학살도 아니었다. 이 범죄는 바로 하나님을 죽인 것이었다. 우주의 그 어떤 악도 그리스도를 십자가에 못 박아 죽인 악의 발끝조차 따라가지 못한다.

그런데 하나님이 이 인류의 가장 소름끼치는 행위로 무엇을 하셨는가?

하나님은 십자가의 어둠에서 부활의 빛을 끌어내셨다. 이 놀랍고도 기적적인 반전을 통해 하나님은 악을 오히려 인류 구원의 도구로 삼으셨다. 하나님은 이 악을 통해 우리가 용서를 받아 그분의 자녀가 되고 이 세상에서도 수많은 복을 받을 수 있게 해 주셨다. 무엇보다도 하나님은 천국의 문을 활짝 여셨다. 덕분에 우리는 영원한 행복의 나라에서 사랑하는 가족과 친구들을 다시 만날 수 있다.

하나님은 우리를 위해 죽으심으로 단순히 악에서 작은 선을 끌어내시지 않았다. 하나님은 가장 큰 악에서 가장 큰 선을 끌어내셨다. 그리스도를 죽인 것보다 더 끔찍한 사건은 있을 수 없다. 반면, 인류에게 부활보다 더 놀라운 선물은 있을 수 없다.

그리고 하나님이 가장 큰 악조차 가장 큰 선으로 바꾸실 수 있다면 작은 악쯤이야 얼마든지 선으로 바꾸실 수 있지 않겠는가. 하나님이 우리에게 일어난 나쁜 일쯤이야 얼마든지 반전시켜 거기서 복을 끌어내실 수 있지 않겠는가. 바로 이것이 고난이란 미스터리에 관한 진리다. 이것이 부활에 관한 진리다. 그리고 이것이 히친스의 병실 문에 걸려 있던 십자가에 담겨 있던 진리다.

무신론자들은 이 진리에 주목해야 한다. 왜냐하면 이 진리는 세상에서 하나님과 종교를 완전히 몰아내겠다는 그들의 목표와 직접적인 관련이 있기 때문이다. 이 진리는 특별히 그리스도가 세우신 교회에 적용되는 진리다. 2천 년 동안 자신을 파괴하려는 모든 시도를 이겨내고 끝까지 살아남은 그리스도의 교회 말이다.

G. K. 체스터턴은 *The Everlasting Man*(영원한 인간)이란 책에서 다음과 같이 썼다. 21세기의 모든 호전적인 무신론자들이 반드시 읽고 깊이 고민해야 할 글이 아닌가 싶다.

> 유럽은 몇 번이나 뒤집어졌고, 매번 이런 변혁의 끝에는 똑같은 종교가 다시 정상에서 발견되었다. 기독교는 언제나 옛 종교로서가 아니라 새 종교로서 시대를 변화시키고 있다. … 아리우스파(Arian)와 알비파(Albigensian), 인본주의적인 회의주의자들, 볼테르 이후와 다윈 이후, 이렇게 최소한 다섯 번 기독교는 어느 모로 보나 만신창이가 되었다. 하지만 다섯 번 모두 기독교는 죽지 않았다. … 기독교는 이성 시대의 마른 빛에 마침내 시들어버린 것만 같았다. 산업혁명 시대에 결국 사라져버린 것만 같았다. … 과학은 기독교가 틀렸음을 설명했지만 기독교는 여전히 살아남았다. 역사는 기독교를 과거에서 찾아냈지만 기독교는 갑자기 미래에서 나타났다. 오늘날 기독교는 다시 우리 앞에 서 있다. 그리고 우리의 눈앞에서 자라고 있다. … 기독교는 여러 번 죽었지만 매번 다시 살아났다. 그럴 만도 하다. 기독교의 하나님은 무덤에서 나오는 길을 아는 하나님이니까 말이다.[19]

크리스토퍼 히친스가 자기 병실 문에 걸린 십자가에 관해 더 깊이 고민했더라면 이 진리를 보았을시도 모른다. 죽음을 앞둔 자신의 모습과 십자가를 번갈아보면서 그 진리를 발견할 수 있었을지도 모른다. 생각해 보라. 그는 새로운 무신론 운동의 지지자 중에서 가장 똑똑하고 재치 있고 강력한 인물이었다. 그런데 지금 그는 가고 없고, 기독교는 여전히 건재해 있다.

그리스도는 이렇게 말씀하셨다. "천지는 없어질지언정 내 말은 없어지지 아니하리라."[20]

고대 문명, 중세 문명, 르네상스 문명, 계몽시대 문명, 산업혁명 시대 문명, 근대 문명, 위대하고 찬란했던 이 모든 문명은 왔다가 갔다. 그리고 지금 우주 시대를 달리는 이 세속적인 첨단기술 문명도 우리 눈앞에서 빛과 같은 속도로 지나가고 있다. 이 문명도 한 줌의 먼지로 변할 날이 머지않았다. 하지만 그리스도의 말씀은 여전히 사라지지 않고 있다.

이것은 그 말씀이 진리이기 때문이다. 진리는 언제나 계속되는 법이다. 진리는 거짓과 불경, 적들이 아무리 강해도 언제나 그것들보다 오래 산다. 진리를 아무리 숨기고 핍박하고 모욕하고 조롱하고 가두고 심지어 죽여도 소용이 없다. 크리스토퍼 히친스는 진리에서 벗어나려고 그토록 애를 썼지만 결국 소용이 없었다. 자신이 기독교적인 이름(크리스토퍼는 '그리스도를 품은 자'를 뜻한다)을 가졌다는 사실에서 평생 벗어날 수 없었던 그는 죽는 순간에도 그리스도의 십자가에서 벗어날 수 없었다.

결국, 최종 결과는 언제나 하나님의 손에 있다. 적이 누구든 무엇이든 언제나 하나님이 이기신다. 하나님은 언제나 혼돈에서 질서를, 어둠에서 빛을, 불신에서 믿음을, 불행에서 행복을, 절망에서 소망을, 패배에서 승리를, 죽음에서 생명을, 악에서 선을 끌어 내신다.

　　하나님은 그 어떤 것에서도 선을 이끌어 낼 수 있을 만큼 강하시다. 그렇다. 하나님은 심지어 무신론자들에게서도 선을 끌어 내실 수 있다.

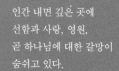

인간 내면 깊은 곳에
선함과 사랑, 영원,
곧 하나님에 대한 갈망이
숨쉬고 있다.

주

1. 무신론자들의 오만

1. "Responding to Arrogant Children" Nobullying.com, 2015년 12월 22일 마지막 수정, https://nobullying.com /arrogant/.

2. Friedrich Nietzsche, "The Parable of the Madman," in *Thus Spoke Zarathustra: A Book for All and None*, trans. Walter Kaufmann (Princeton: Princeton University Press, 2013), 프리드리히 니체, 《차라투스트라는 이렇게 말했다》; "이제 니체의 자료들이 공개되어 있기 때문에 동독인들이 니체의 나치화를 다룰지, 다룬다면 어떻게 다룰지를 마침내 지켜볼 수 있게 되었다…동독인들이 니체를 직시함으로써 과거를 직시하기 시작할까? 그를 다루지 않고 지난 세기 독일의 지적 역사를 직시하기는 어렵다…1934년 7월, 히틀러와 대표적인 나치주의자 알프레트 로젠베르크(Alfred Rosenberg)는 (니체의 여동생)엘리자베스(Elisabeth)를 방문해 오빠의 무덤에 바칠 화환을 선물했다. 화환에는 '위대한 투사에게'란 글귀가 적혀 있었다." John Rodden, Repainting the Little Red Schoolhouse: A History of Eastern German Education, 1945-1995 (New York: Oxford University Press, 2002), 288-89; 1929년 노벨문학상을 수상한 니체의 동시대 인물인 독일 소설가 토마스 만(Thomas Mann)에 따르면 "독일인들이 세상에 재난과 공포를 안겨주고 결국 스스로도 망하게 된 것은 (니체를)모델로 삼아 그의 특성을 받아들였기 때문이다. 그 특성은 바로 낭만적인 열정이었다. 그 열정은 아무런 목표가 없고 무한을 열망하는 자유로운 의지다." Thomas Mann, "Nietzsche's Philosophy in the Light of Recent History," in Last Essays, trans. Richard and Clara Winston and Tania and James Stern (New York: Knopf, 1959), 175. Mark W. Clark, Beyond Catastrophe: German Intellectuals and Cultural Renewal After World War II, 1945-1995 (Oxford: Lexington Books, 2006), 112에 인용.

3. Sam Harris, *Letter to a Christian Nation* (New York: Vintage Books, 2008), 67, 51. 샘 해리스, 《기독교 국가에 보내는 편지》(동녘사이언스 역간).

4. 1992년 4월 15일 에든버러 국제 과학 축제(Edinburgh International Science Festival)에서 전한 리처드 도킨스의 연설 중에서. Alec Fisher, *The Logic of Real Arguments*, 2nd ed. (Cambridge: Cambridge University Press, 2004), 83에 인용.

5. Bill Maher, Religulous, Larry Charles 감독(2008; Santa Monica, CA: Lionsgate, 2009), DVD. 〈신은

없다〉

6. Christopher Hitchens, *God Is Not Great: How Religion Poisons Everything* (New York: Twelve Books, 2007), 64. 크리스토퍼 히친스, 《신은 위대하지 않다》(알마 역간).

7. "자, 우리의 진술은 이것이다. 신은 영원하고 자연에서 가장 훌륭한 동물이다. 그래서 신의 삶과 존속은 간섭을 받지 않고 영원하다. 이것이 신의 본질 자체다." Aristotle, *The Metaphysics*, trans. John H. McMahon (Mineola, NY: Dover, 2007), 277.

8. *Stanford Encyclopedia of Philosophy*, s.v. "Francis Bacon," https ://plato.stanford.edu/entries/francis-bacon.

9. Francis Bacon, "Theological Tracts," *The Works of Francis Bacon, Lord Chancellor of England*, vol. 2 (Philadelphia: Carey and Hart, 1841), 405.

10. 레오나르도 다빈치 자신의 말 : "그리스도를 따르는 사람은 행복해진다." *The Notebooks of Leonardo Da Vinci*, vol. 1, trans. Edward MacCurdy (New York: George Braziller, 1955), 86.

11. "경건은 신에 관한 지식을 사랑하는 것과 예배, 그리고 인간애, 정의, 인간에 대한 호의로 이루어져 있다." Isaac Newton, "A Short Schem of the True Religion," The Newton Project, 2002년 2월, http://www.newtonproject.ox.ac.uk/view/texts/normalized/THEM00007.

12. "종교와 자연과학은 모두 하나님에 대한 믿음을 필요로 하지만, 전자에서는 신이 출발점이고 후자에서는 신이 모든 사고 과정의 목표다." Max Planck, Scientific Autobiography and Other Papers, trans. Frank Gaynor (New York: Philosophical Library, 1949), 184; "맘대로 날뛰는 것 같아도 모두 신의 영원한 법칙 아래에 있는 원자와 전자, 핵의 춤이 아마도 사탄의 것이 분명한 또 다른 불안정한 우주와 뒤엉켜 있다. 그 우주는 바로 권력과 지배를 위한 인간 다툼이다. 결국 이 다툼은 역사가 된다." Max Born, *The Restless Universe*, trans. Winifred M. Deans (New York: Dover Publications, 2012), 279. 다니엘 베르누이는 개신교 가정에서 자랐다. 그의 아버지 요한(Johann)은 자서전에서 자신의 부모가 "내게 도덕과 종교를 둘 다 교육시키기 위해 수고와 비용을 아끼지 않았다. 이 종교는 칼빈주의 신앙이었다. 이 신앙으로 인해 나의 증조부모는 종교적 핍박을 피해 앤트위프에서 도망쳤다." J. J. O'Connor and E. F. Robertson, "Johann Bernoulli," School of Mathematics and Statistics, University of St. Andrews, 2017년 3월 10일 확인, http://www-history.mcs.st-andrews.ac.uk/Biographies/Bernoulli_Johann.html.

13. "신의 위대한 역사를 알고, 그분의 지혜와 위엄, 능력을 이해하는 것, 그분의 법의 놀라운 작용을 어느 정도 이해하는 것, 이 모든 것이 지극히 높으신 분이 기뻐하고 용납하시는 예배 방식이 분명하다. 그분이 지식보다 무지를 더 기뻐하실 리가 없다." Copernicus, Francis S. Collins, *The Language of God: A Scientist Presents Evidence for Belief* (New York: Free Press, 2006), 230-31에 인용, 《신의 언어》(김영사 역간); "나는 우주의 부분들이 최상의 배치를 이루고 있어서 어느 것 하나도 제 위치에서 벗어난 것이 없다고 생각한다. 이는 자연과 신이 이

것들의 구조를 완벽히 정렬시켰다는 말이다." Galileo, Stillman Drake, "Galileo Galilei to Francesco Ingoli," *Galileo at Work: His Scientific Biography* (Mineola, NY: Dover Publications, 2003), 294에 인용; "하늘의 조화라는 신성한 광경에 몹시 흥분되고 말할 수 없는 황홀함을 느낀다…지금 시대를 위해서 책을 쓸지 후대를 위해서 책을 쓸지 정해야 한다. 물론 어떻게 해도 마찬가지이긴 하다. 하나님도 한 명의 관찰자를 위해 6천 년을 기다리셨던 것처럼 내 책은 한 명의 독자를 위해 백 년을 기다리게 될지도 모르니까 말이다." Kepler, Max Caspar, Kepler, trans. and ed. C. Doris Hellman (New York: Dover Publications, 1993), 267에 인용.

14. 오토 브룬펠스는 식물학자인 동시에 카르투시오 수도회 수사였다. 그의 "*Pandectarum Veteris et Noui Testamenti*는 개신교 최초의 성서 용어 사전 중 하나로, 1527년에 처음 출간된 뒤로 큰 호응을 얻어 몇 번이나 재판되었다." Gergely M. Juhász, *Translating Resurrection: The Debate Between William Tyndale and George Joye in Its Historical and Theological Context*, ed. Robert J. Bast (Leiden, Netherlands: Koninklijke Brill, 2014), 241; 윌리엄 터너는 휴 래티머(Hugh Latimer)의 설교에 영향을 받았고, 서머싯 공작의 후원을 받는 목사였고, "1538년 작은 종교 서적 'Unio Dissidentium'"를 출간했다. *Dictionary of National Biography* 1885-1900, vol. 57, ed. Sidney Lee (New York: Macmillan, 1899), 363; 사무엘 존슨 (Samuel Johnson)은 하나님에 대한 헤르만 부르하버의 믿음에 관해 이렇게 말했다. "그는 절제, 용기, 겸손, 헌신의 훌륭한 본보기였다. 그의 신앙과 하나님을 의지하는 태도는 그가 가진 모든 미덕의 근간이었으며 그의 모든 행동 이면의 원칙이었다." Samuel Johnson, *The Works of Samuel Johnson, LL.D.*, vol. 2, 3rd ed. (New York: Alexander V. Blake, 1846), 313.

15. 전기 작가 에두아르 그리모(Édouard Grimaux)는 프랑스 혁명 당시인 1794년 처형을 앞두고도 라부아지에의 믿음이 흔들리지 않았다고 말한다. "많은 사제를 배출한 경건한 집안에서 자란 그는 믿음을 고수했다." Charles McKenna, "Antoine Laurent Lavoisier," *The Catholic Encyclopedia*, vol. 9 (New York: Robert Appleton Company, 1910), http://www.newadvent.org/cathen/09052a.htm.

16. "내가 어릴 적부터 배우며 자란 로마, 가톨릭, 사도적 신앙이 진심이고 변함이 없다는 사실을 어떻게 의심할 수 있는지 이해할 수가 없다…이 믿음으로 나는 하나님의 순전한 선물, 초자연적인 은혜를 인정한다." Alessandro Volta, 믿음에 관해서, Karl Alois Kneller, *Christianity and the Leaders of Modern Science: A Contribution to the History of Culture in the Nineteenth Century*, trans. T. M. Kettle (London: B. Herder, 1911), 117에 인용; "(앙페어는)아내가 죽던 날 시편의 두 구절과 이런 기도문을 썼다. '오 주여, 자비의 하나님, 저로 하여금 이 땅에서 사랑하게 해 주셨던 사람들과 천국에서 상봉하게 해 주소서.'" William Fox, "André Marie Ampère," The Catholic Encyclopedia, vol. 1 (New York: Robert Appleton Company, 1907), http://www.newadvent.org/cathen/01437c.htm.

17. "패러데이는 성경의 가르침과 그리스도의 완벽한 본에 따라 살기로 엄숙히 맹세했다." Geoffrey Cantor, *Michael Faraday: Sandemanian and Scientist: A Study of Science and Religion in the Nineteenth Century* (London: Macmillan Press, 1991), 5.

18. "언젠가 후대는 물질주의적인 현대 철학자들의 어리석음을 비웃을 것이다. 자연을 연구할수록 창조주의 작품에 더 감탄하게 된다. 나는 실험실에서 작업할 때 늘 기도한다." Pasteur, "Is Darwinism on Its Death-bed?" *Sanitarian* 50, no. 398 (1903): 242에 인용.

19. 당시 유럽에서 패 유명한 인물이었던 알브레히트 폰 할러는 고향인 스위스 베른에서 보낸 시간을 소중히 여겼다. 그를 알아보는 사람이 별로 없는 그곳에서 그는 한 친구에게 이런 편지를 썼다. "여기서는 내 온 힘으로 하나님을 섬길 수 있네." Charles Bert Reed, *Albrecht von Haller: A Physician—Not Without Honor* (Chicago: Chicago Literary Club, 1915), 48; "(윌리엄) 하비는 스콜라 철학과 기독교에 대한 미신적인 충성이라는 족쇄에서 세상을 해방시키는 데 일조한 근대인으로 자주 찬사를 받는다…하지만 더 자세히 살펴보면 이런 시각은 옳지 않다. 예를 들어, 그의 Exercises에서 발췌한 다음 문장을 보라. '우리는 지고하고 전능한 창조주 하나님이 모든 동물을 창조하셨으며 예나 지금이나 그분의 작품 속에서 그분의 존재를 보여 주고 계신다고 인정한다.' (Exercise 54). 하비는 자신이 자연의 작품들을 설명하는 것이 곧 하나님의 수공품을 설명하는 것이라고 보았다." Brian T. Kelly, "Illuminating God's Handiwork: Why We Study William Harvey," Thomas Aquinas College, 2016년 4월 1일, https://thomasaquinas.edu/news /illuminating-gods-handiwork-why-we-study-william-harvey.

20. 윌리엄 킨은 1922년 크로저 신학교(Crozer Theological Seminary) 졸업식 연설에서 이렇게 말했다. "현인이나 나그네나 모두 그것 안에서 이 필멸의 삶에 대한 인도와 위로, 나아가 복음 곧 우리 주 예수 그리스도를 통한 불멸의 삶에 관한 복된 소식을 얻습니다." William Keen, I Believe in God and Evolution (Philadelphia: J. B. Lippincott Company, 1922), 20; 조지프 머리는 이렇게 말했다. "교회가 과학에 해로운가? 가톨릭교인이자 과학자로 살아온 나는 그렇게 생각하지 않는다. 한 진리는 계시된 진리이고, 다른 하나는 과학적 진리다. 창조가 선하다고 진정으로 믿는다면 그 믿음은 과학을 연구하는 데 아무런 해가 되지 않는다." Christopher Kaczor, "The Church Opposes Science: The Myth of Catholic Irrationality," Catholic Education Resource Center, 2012에 인용, http://www.catholiceducation.org/en /science/catholic-contributions/the-church-opposes-science -the-myth-of-catholic-irrationality.html.

21. "과학에 대한 나의 경험이 나를 하나님께로 인도했다. 그들은 과학을 통해 하나님의 존재를 증명해 보라고 말한다. 하지만 초에 불을 붙여야 태양을 볼 수 있는가?" Werhner von Braun to the California State Board of Education, 1972 9월 14일, Christopher H. K. Persaud, *Blessings, Miracles & Supernatural Experiences: A Biblical Perspective; A Christian's Story* (Colorado Springs: Standard Publishing Company, 1925)에 인용; "(월턴은)자연의 경이와 첫 창조의 행위를 연구하는 과학을 통해 계속해서 하나님이 드러났으며 '우리는 하나님의 작품을 연구하는 것에 대해 그분께 영광을 돌려야 한다'라고 주장했습니다." Vincent McBrierty, "Ernest Thomas Sinton Walton: Nobel Laureate" (Memorial Discourse, Dublin, Ireland, 2012년 4월 16일 아일랜드 더블린에서의 기념 강연), https://www.tcd.ie/Secretary/ FellowsScholars /

discourses/discourses/2012_V%20McBrierty%20on%20ETS %20Walton. pdf; "자연의 힘들을 연구하고 인류를 향한 신의 선한 뜻을 감지할수록 위대한 진리를 더 분명히 보게 된다. 그 진리는 만물이 생명의 주요 생명을 주시는 분이 정한 것이며, 내가 하는 이 소위 과학이라는 것은 인간들이 만물과 접촉하여 서로를 발전시키며 서로를 더 깊이 이해하게 하려는 하나님 뜻의 표현일 뿐이라는 것이다." Guglielmo Marconi to Maria Cristina Marconi, 1927년 3월 9일, Maria Cristina Marconi, Marconi My Beloved, ed. Elettra Marconi (Boston: Dante University of America Press, 2001), 30; "창조주의 작품들을 평생 연구한 결과, 이제 그 작품들이 신의 존재에 관해 그 어떤 인간의 증언보다도 훨씬 더 만족스럽고 확실한 증거를 제공해 준다는 점을 인정한다." Charles Babbage, *Passages from the Life of a Philosopher* (London: Longman, Green, Longman, Roberts, & Green, 1864), 403.

22. "어느 시대나 자연을 가장 깊이 이해한 사람들은 하나님을 굳게 믿는 신자들이었다." William Whewell, Charles Noel Douglas, *Forty Thousand Quotations, Prose and Poetical* (London: George G. Harrap, 1917), 681에 인용.

23. "이 놀라운 우주, 특히 인간의 특징을 보면 모든 것이 무작위적인 힘의 결과라고 결론을 내릴 수가 없다. 좋은 것이든 나쁜 것이든 작은 것까지 모든 것이 어떤 정해진 법칙의 결과로 탄생해 우리가 우연이라고 부르는 것의 작용 아래 놓인다고 말하고 싶다. 문제는 그런 개념이 전혀 만족스럽지 않다는 것이다." Charles Darwin, *The Life and Letters of Charles Darwin*, vol. 2, ed. Francis Darwin (New York: D. Appleton, 1896), 104.

24. 아인슈타인을 비롯한 과학계는 처음에는 르메트르의 이론을 거부했다. "아인슈타인은 르메트르의 종교적 배경에 편견을 갖고 있지는 않았지만 그의 물리학을 '혐오스럽다'고 말했다…하지만 1929년 아인슈타인은 실수를 인정할 수밖에 없었다. 캘리포니아 주 남부의 마운트 윌슨 천문대에서 일하는 에드윈 허블(Edwin Hubble)은 우주의 먼 은하계들이 마치 우주의 폭발에서 나온 파편처럼 모두 서로에게서 빠른 속도로 멀어져가는 모습을 보여 주었다. 빅뱅 이론이 맞는 것처럼 보였다." Simon Singh, "Even Einstein Had His Off Days," New York Times, January 2, 2005, http://www.nytimes.com/2005/01/02/opinion/even-einstein-had-his-off-days.html?_r=0; Mark Midbon, "'A Day Without Yesterday': Georges Lemaitre & the Big Bang," Catholic Education Resource Center, March 2000, http://www.catholiceducation.org/en/science/faith-and-science /a-day-without-yesterday-georges-lemaitre-amp-the-big-bang.html.

25. G. K. Chesterton, "The Man in the Cave," in *The Everlasting Man* (Radford, VA: Wilder Publications, 2008), 6.

26. Joel Primack, Stefan Lovgren, "Evolution and Religion Can Coexist, Scientists Say," *National Geographic News*, 2004년 10월 18일에 인용, http://news.nationalgeographic.com/news/2004/10/1018_041018_science_religion.html.

27. George Sylvester Viereck, *Glimpses of the Great* (New York: Macaulay Company, 1930), 372-73.

28. 로벤슈타인의 프린스 후베르투스(Prince Hubertus of Lowenstein)는 아인슈타인이 제2차 세계대전 전에 이런 말을 했다고 주장했다. Ronald W. Clark, *Einstein: The Life and Times* (New York: Avon Books, 1984), 516에 인용.

29. Philipp A. Frank, Einstein: His Life and Times, trans. George Rosen, ed. Shuichi Kusaka (New York: Da Capo Press, 1947), 284.

2. 무신론자들의 편협한 지식

1. Theodore Gray, "For That Healthy Glow, Drink Radiation!" Popular Science, August 17, 2004, http://www.popsci.com /scitech/article/2004-08/healthy-glow-drink-radiation.

2. 미국에서 손목시계 표면에 라듐 페인트를 칠하기 위해 노동자 계층의 여성들이 고용되었다. Rebecca Hersher, "Mae Keane, One of the Last 'Radium Girls,' Dies at 107," All Things Considered, National Public Radio, 2014년 1월 28일, http://www.npr.org/2014/12/28/373510029/ saved-by-a-bad-taste-one-of-the-last-radium-girls-dies-at-107.

3. "When Elton Met Jake," Guardian, 2006년 11월 12일, https ://www.theguardian.com/music/2006/nov/12/popandrock9.

4. Adam Rathe, "Gwyneth Paltrow Decides to Raise Kids Apple and Moses as Jewish—Despite Not Believing in Religion." *New York Daily News*, 2011년 7월 21일, http://www.nydailynews.com/entertainment/gossip/gwyneth-paltrow -decides-raise-kids-apple-moses-jewish-not-believing -religion-article-1.160057.

5. Ron Steelman, "Bill Murray Philosopher/Humanist?," *Steelman the Humanist* (blog), 2012년 12월 2일, https ://steelmanthehumanist.com/2012/12/02/bill-murray -philosopher-humanist/. 이 인용문은 주로 빌 머레이가 2012년 기사를 통해 한 말로 여겨지지만 원출처는 찾을 수가 없다. 2016년 스눕스(Snopes)는 빌 머레이의 말이 아니라는 점을 증명하려고 했지만 확실한 결론을 내릴 수는 없었다. 한편, 머레이 자신은 이 문제에 대해 전혀 언급하지 않았다.

6. Bill Maher, *Religulous*, Larry Charles 감독 (2008; Santa Monica, CA: Lionsgate, 2009), DVD.

7. John H. Richardson, "Larry Flynt: What I've Learned," *Esquire*, 2007년 1월 29일, http://www.esquire.com/news-politics /interviews/a1646/larry-flynt-interview-0399.

8. Richard Dawkins, *The God Delusion* (New York: Mariner Books, 2008), 51. 리처드 도킨스, 《만들어진 신》(김영사 역간).

9. "그리스 고등 교육 기관들, 심지어 아테네의 주요 철학 학교들도 중세나 현대와 같은 '대학'으로 생각해서는 곤란하다…인가나 허가를 받은 교사들이나 학교들은 없었다. 공식 시험도 없었고, 학업을 마친 학생들에게 주는 학위도 없었다. 이 학교들 중 상당수가 국가 부

지를 사용했지만 자체적인 규정과 지원 시스템을 가진 순수한 사립 기관들이었다." John Patrick Lynch, *Aristotle's School: A Study of a Greek Educational Institution* (Berkeley: University of California Press, 1972), 66; 옛 로마 교육에는 "가족과 공동체 중심의 농부들이 가진 실용적이고도 소박한 미덕들이 반영되었다." 고대 초에 천 년 동안 발전한 뒤에도 "고대 말 학교들은 여전히 중세성기에 나타난 정식 허가를 받은 대학보다는 조합 비슷한 사립 단체들에 더 가까운 형태였던 것으로 보인다." George Thomas Kurian and Mark A. Lamport, eds., Encyclopedia of Christian Education (Lanham, MD: Rowman & Littlefield, 2015), 45, 47.

10. "대학은 유럽의 제도다. 대학은 유럽의 '탁월한' 제도다⋯행정 자치, 커리큘럼(교육 과목들)과 연구 목표의 결정 및 실행, 공식적으로 인정되는 학위 수여 같은 권한을 받은 교사들의 공동체로서 대학은 중세 유럽 곧 가톨릭 유럽의 창조물이다." Walter Rüegg, "foreword," to *A History of the University in Europe, Volume 1: Universities in the Middle Ages*, eds. Walter Rüegg and H. De Ridder-Symoens (Cambridge: Cambridge University Press, 1992), xix.

11. "Illuminating a Dark Age," *Economist*, 2010년 12월 16일, http://www.economist.com/node/17722535.

12. *The Routledge International Encyclopedia of Education*, eds. Gary McCulloch and David Crook (New York: Routledge, 2008), s.v. "compulsory education."

13. Jack Huberman, *The Quotable Atheist: Ammunition for Nonbelievers, Political Junkies, Gadflies, and Those Generally Hell-Bound* (New York: Nation Books, 2007), vii.

14. Rob Boston, "The Art of Censorship," *Church and State*, Americans United for Separation of Church and State, 2011년 1월, https://www.au.org/church-state/january-2011-church-state/featured/the-art-of-censorship.

15. "그래서, 하나님의 형상을 따라 창조되었다는 것이 무슨 의미인가? 하나님의 형상에 해당하는 라틴어 '이마고 데이(imago Dei)'의 히브리어 어원은 하나님의 이미지 혹은 그림자 혹은 하나님을 닮음을 의미한다. 하나님의 스냅 사진이나 복사라고 할 수 있다. 적어도 이것은 인간이 유일하게 하나님을 닮은 특성들을 품고 있기 때문에 피조물 서열에서 여타 피조물보다 더 높은 자리를 차지한다는 뜻이다." Dick Staub, "What 'Made in the Image of God' Really Means," Relevant, 2013년 3월 4일, http://www.relevantmagazine.com/god/deeper-walk/features/23549-qmade-in-the-image-of-godq (링크가 더 이상 접속되지 않는다).

16. 한 로마 시민의 번역된 편지는 원치 않는 여아들의 운명을 보여 준다. "힐라리온(Hilarion)이 그의 누이 알리스(Alis)에게, 잘 있었어? 사랑하는 베로우스(Berous)와 아폴로나리온(Apollonarion)도 잘 있었니? 우리는 지금도 알렉산드리아에 있어. 다 돌아가고 나만 알렉산드리아에 남아 있어도 걱정하지 마. 우리 아이 좀 잘 돌봐줘. 임금을 받는 대로 보내줄게. 너도 자식을 낳기를 바라. 사내아이를 낳으면 살려두고 여자아이면 버려." *Selections from the Greek Papyri*, ed. and trans. George Milligan (Cambridge: Cambridge University Press, 1910), 32-33에 인용.

17. "유럽에서 유아 살해는 주로 밖에 버리는 것으로 이루어진 반면, 중국에서는 주로 아기를 버리고 익사시켰다…대개 갓 태어난 여아는 엄마나 산파가 출산하는 침대 옆에 비치된 물통에 넣어 익사시켰다." D. E. Mungello, *The Great Encounter of China and the West, 1500-1800*, 4th ed. (Lanham, MD: Rowman & Littlefield, 2013), 144, 148.

18. "경기장에서 여러 가지 형태로 이루어지는 죽음은 공개적이고 공식적이었으며 많은 메시지를 전달했다. 그리고 죽음의 쇼가 제대로 이루어지면 모든 계급의 로마인들이 위로와 재미를 느꼈다. 쇼는 천 년 넘게 고대 로마의 축제, 사회생활, 공공 영역에서 중요한 역할을 했다. 로마는 산업과 교만을 통해 제국에서 희생자들을 제거하고 거대한 시설들을 짓고 행사를 개최하고 예술과 건축, 문학을 통해 이런 행사에 영원한 생명을 부여했다." Donald G. Kyle, *Spectacles of Death in Ancient Rome* (London: Routledge, 1998), 2-3.

19. "종교를 가진 사람만이 진정으로 신성에 관해 말할 수 있다…누구나 모든 인간이 측량할 수 없이 귀하고 그 자체로 목적이고 무조건적인 존중을 받아 마땅하고 양도할 수 없는 존엄을 갖고 있다고 말할 수 있다. 내가 볼 때 이것들은 개념적 자원들(=하나님)에서 멀어졌을 때 의무감에서 하는 말이다…이것들(인간에 관한 이런 말)은…하나님이 자녀인 우리를 사랑하시기 때문에 우리가 신성하다는…종교적인 말의 힘을 갖고 있지 못하다." Raimond Gaita, Timothy Keller, *The Reason for God: Belief in an Age of Skepticism* (New York: Dutton, 2008), 154.에 인용. 팀 켈러, 《팀 켈러, 하나님을 말하다》(두란노 역간).

20. Dinesh D'Souza, *What's So Great About Christianity* (Washington DC: Regnery Publishing, 2007), 77.

21. "성경은 결혼이 한 남자와 한 여자 사이에서 이루어진다는 명백한 선언으로 시작된다(창 1-2). 이 선언은 나중에 예수님이 직접 확증하신 것이다(마 19:4-6)…신약에서 바울은 교회의 리더들이 남들에게 '한 아내의 남편'이라는 도덕의 본을 보여야 한다고 디모데에게 말한다(딤전 3:2, 12; cf. 딤전 5:9). 이 명령은 일부다처제가 바람직하지 않다는 점을 함축한다." Lionel Windsor, "Polygamy in the Bible: A Sordid Tale," The Briefing, Matthias Media, 2012년 6월 13일, http://matthiasmedia.com /briefing/2012/06/polygamy-in-the-bible-a-sordid-tale.

22. 토머스 맥긴(Thomas A. J. McGinn)은 *Prostitution, Sexuality, and the Law in Ancient Rome* (Oxford: Oxford University Press, 1998), 56에서 노예들이 매춘을 강요당하고 법적 지위가 없었다는 점을 논한다; *Ancient Greek Democracy: Readings and Sources*, ed. Eric W. Robinson (Malden, MA: Blackwell Publishing, 2004)도 보시오.

23. "하지만 여성들이 초대 교회의 정식 일원이었다는 분명한 증거가 있다. 예를 들어 (회심 전의)사울은 기독교라는 새로운 종교를 받아들인 남자와 여자를 모두 체포했다(행 8:3; 9:2)." Barbara J. MacHaffie, *Her Story: Women in Christian* Tradition, 2nd ed. (Minneapolis: Fortress Press, 2006), 3.

24. 초대 교회의 여성들에 관해 더 알고 싶다면 Catherine Kroeger, "The Neglected History of Women in the Early Church," *Christian History*, no. 17 (1988)을 보시오, https ://www.

christianhistoryinstitute. org/magazine/article/ women-in-the-early-church.

25. 노예 제도에 관한 기독교의 관점에 관해 더 알고 싶다면 Lee Strobel, *The Case for Christ* (Grand Rapids: Zondervan, 1998). 리 스트로벨, 《예수는 역사다》(두란노 역간).

26. 초대 교회는 로마 제국의 배타적인 종교 단체들에 대한 평등주의적인 대안으로 번영했다. "(로마의)종교는 축제에서 노예들을 배제시켰다. 노예들이 참석하는 것은 축제에 대한 모독 이었다. (Cicero, 'Octavius', xxiv). 따라서 기독교가 선포한 절대적인 종교적 평등은 전혀 새로운 것이었다. 교회는 교인들의 사회적 신분을 따지지 않았다. 노예나 자유민이나 똑같은 성사 를 받았다. 노예 출신의 성직자들이 많았다(St. Jerome, Ep. lxxxii). 성 베드로 성당의 좌석에도 노예 출신들이 앉은 바 있다. 2세기에는 비오(Pius)가, 3세기에는 갈리스토(Callistus)가 노예 출신의 교황이었다." Paul Allard, "Slavery and Christianity," *The Catholic Encyclopedia*, vol. 14 (New York: Robert Appleton Company, 1912), http://www. newadvent. org/cathen/14036a. htm.

27. 아프리카 노예무역에 관한 윌버포스의 말 : "그 악이 너무 거대하고 무시무시하고 돌이킬 수 없게 보여, 그것을 폐지시키기로 굳게 마음을 먹었다…결과가 어떻든 지금부터 나는 그 것을 폐지시킬 때까지 쉬지 않기로 결심했다." William Hague, *William Wilberforce: The Life of the Great AntiSlave Trade Campaigner* (Orlando: Harcourt, 2007), 141.

28. "1830년대, 노예폐지론자들의 대다수는 북부의 백인 교인들과 목회자들이었다…노예폐지 론으로 전향하는 의식은 부흥 집회와 똑같았다. 회개하는 사람이 노예 제도 찬성의 죄를 깨 닫는 것으로 시작해서 진심 어린 회개를 표현한 다음, 모든 인간이 하나님의 눈에 평등하다 는 하나님의 명령을 따르기로 서약한다." Bertram Wyatt-Brown, "American Abolitionism and Religion," National Humanities Center, http://nationalhumanitiescenter. org/tserve/ nineteen/nkeyinfo/amabrel. htm.

29. "교회에서 노예의 상태가 없어진 이유 중 하나는 그리스도인들은 고대인들처럼 노동을 경 시하지 않았다는 점이다…이 새로운 종교의 귀의자들은 예수님이 목수였다는 사실을 알았 으며, 사도 바울이 천막 만드는 일을 직업으로 삼은 것을 보았다(행 18:3; 고전 4:12). 사도 바 울은 이 일에 대해 이렇게 말했다. '누구에게서든지 음식을 값없이 먹지 않고 오직 수고하 고 애써 주야로 일함은 너희 아무에게도 폐를 끼치지 아니하려 함이니.' (살후 3:8; cf. 행 20:33, 34)." Paul Allard, "Slavery and Christianity," The Catholic Encyclopedia, vol. 14 (New York: Robert Appleton Company, 1912), http://www. newadvent. org/cathen/14036a. htm.

30. 프랭크 램버트(Frank Lambert)는 자신의 책 *The Founding Fathers and the Place of Religion in America* (Princeton: Princeton University Press, 2003)에서 미국 건국의 아버지들의 종교와 신앙을 철저히 다루었다.

31. Ari Ben-Menahem, *Historical Encyclopedia of Natural and Mathematical Sciences*, vol. 1 (Berlin: Springer, 2009), 424.

3. 무신론자들의 기만

1. "Joseph Goebbels: Chief of Nazi Propaganda," Holocaust Online, 2017년 7월 28일에 확인, http://holocaustonline.org /joseph-goebbels/.

2. Charles Phillips and Alan Axelrod, eds., *Encyclopedia of Wars* (New York: Facts on File, 2005).

3. R. J. Rummel, *Death by Government* (New Brunswick, NJ: Transaction Publishers, 1994), 9.

4. 같은 책, 8.

5. Stéphane Courtois, et al., *The Black Book of Communism: Crimes, Terror, Repression,* trans. Jonathan Murphy and Mark Kramer, ed. Mark Kramer (Cambridge: Harvard University Press, 1999), 4.

6. Beale (Vox Day라는 필명으로), Ken Ammi, "Atheism," Creation Ministries International, 2009년 6월 18일자에 인용, http://creation.mobi/atheism#atheism-communism.

7. "무신론자들은 소련에서 종교와의 70년 전쟁을 벌였다. 공산당은 교회와 이슬람 사원, 절을 파괴하고, 종교 지도자들을 처형하고, 학교와 언론을 통해 반종교 선전을 하고, 무신론 의식과 개종자들, 세상적인 구원의 약속을 갖춘 '과학적 무신론'이라는 신념체계를 선보였다." Paul Froese, "Forced Secularization in Soviet Russia: Why an Atheistic Monopoly Failed," *Journal for the Scientific Study of Religion* 43, no. 1 (2004): 35; 스탈린이 그리스도인들을 억압하기 위해 사용한 잔인한 방법들에 관해 더 알고 싶다면 Alexander N. Yakovlev의 책 *A Century of Violence in Soviet Russia* (New Haven: Yale University Press, 2002) "The Clergy"란 제목의 챕터, 153-68을 보시오.

8. 스탈린의 숙청과 공포 전술들에 관해 더 알고 싶다면 Robert W. Thurston, *Life and Terror in Stalin's Russia: 1934-1941* (New Haven: Yale University Press, 1996)을 보시오.

9. http://www.holodomorct.org/에서 1932~1933년 스탈린 체제가 인위적으로 일으킨 잔인한 기근의 희생자들을 애도하고 있다.

10. 스탈린 체제를 비롯해서 소련 체제 아래서 일어난 살육에 관해 더 자세히 알고 싶다면 R. J. Rummel, Lethal Politics: Soviet Genocide and Mass Murder Since 1917 (New Brunswick, NJ: Transaction Publishers, 1996)를 보시오.

11. "그 기간에 다하우에 투옥된 것으로 기록된 성직자 총 2,720명 중에서 무려 2,579명(94.88퍼센트)이 가톨릭교도였고, 총 1,034명의 성직자가 수용소에서 죽어간 것으로 기록되었다. 그 중 132명은 '이송 혹은 정리되었다.' 하지만 R. 슈나벨(Schnabel)의 1966 조사에 따르면, 총 2,771의 성직자가 수감되었으며, 그 중 692명이 죽은 것으로 기록되었고, 336명은 '병자 화물(invalid trainloads)'로 이송되었기 때문에 결국 죽은 것으로 추정되었다." Paul Berben, *Dachau 1933-1945: The Official History* (London: Norfolk Press, 1975), 276-77.

12. H. R. Trevor-Roper, ed., *Hitler's Table Talk: 1941-1944,* trans. Norman Cameron and R. H. Stevens (New York: Enigma Books, 2007), 8.

13. 같은 책, 7.

14. 같은 책, 60.

15. 같은 책, 111.

16. 같은 책, 260.

17. Steve Weidenkopf, "Were the Crusades Just Wars?" *Catholic Answers*, 2014년 11월 4일, https://www.catholic.com /magazine/online-edition/were-the-crusades-just-wars.

18. 이슬람 침공에 대한 기독교의 대응에 관해 더 알고 싶다면 Steve Weidenkopf, *The Glory of the Crusades* (El Cajon, CA: Catholic Answers Press, 2014)를 보시오.

19. "종교재판소는 유지된 대부분의 기간 동안 그 의도나 능력에서도 죽음의 괴물과 거리가 멀었던 것이 분명하다…16세기와 17세기에 시칠리아에서 페루까지 스페인 제국 전체에서 종교재판소에 의해 처형된 사람은 한 해 3명 이하였다. 한 해 3명이라면 스페인은 물론이고 유럽 전체의 어느 지방법원에서 이루어진 처형 숫자보다도 적은 숫자였다" Henry Kamen, *The Spanish Inquisition: A Historical Revision*, 4th ed. (New Haven: Yale University Press, 2014), 254.

20. 데이브 암스트롱은 사망자 숫자가 크게 부풀려졌다고 말하는 유명한 비가톨릭교도 역사가들(예를 들어, 케이먼(Kamen))의 저작들을 인용했다. 그는 펜실베이니아 대학 에드워드 피터스(Edward Peters) 교수의 다음 말을 인용했다. "1550~1800년 종교재판소의 판결로 스페인에서 약 3천 건의 사형이 집행된 것이 가장 적절한 추정이다. 이는 일반 법원의 사형 집행 숫자에 비해 훨씬 적은 숫자였다." Dave Armstrong, "Were '50-68 Million' Killed in the Inquisition?" *Biblical Evidence for Catholicism* (blog), Patheos, 2015년 8월 21일, http://www.patheos.com/blogs/davearmstrong/2015/08/50-68-million-killed-in-the -inquisition.html.

21. John Shertzer Hittell, *A Brief History of Culture* (New York: D. Appleton, 1875), 137.

4. 무신론자들의 미움

1. Jerry Coyne, "Keith Kloor Lumps Me with Dawkins as Sneering, Strident, and Simplistic," *Why Evolution Is True* (blog), 2012년 12월 28일, https://whyevolutionistrue.wordpress.com/2012/12/28/keith-kloor-lumps-me-with-dawkins-as -sneering-strident-and-simplistic/.

2. Sam Harris, Bethany Saltman, "The Temple of Reason: Sam Harris on How Religion Puts the World at Risk," Sun, 2006년 9월자에서 인용, http://thesunmagazine.org/issues/369 / the_temple_of_reason.

3. Sam Harris, *The End of Faith: Religion, Terror, and the Future of Reason* (New York: W. W.

Norton, 2004), 52-53. 샘 해리스, 《종교의 종말》(한언 역간).

4. Bill Maher, *Jimmy Kimmel* Live에서, ABC, 2015년 1월 7일, https://archive.org/details/ WPVI_20150108_043500_Jimmy_Kimmel_Live.

5. "The Four Horseman-Hitchens, Dawkins, Dennet, Harris [2007]," YouTube video, 1:57:14, posted by "CaNANDian," 2012년 7월 23일, https://www.youtube.com/watch?v =n7IHU28aR2E.

6. "Christopher Hitchens—Religion," YouTube video, 8:36, 2006년 11월 토론토 대학에 서의 논쟁, 2007년 3월 14일 "BlissfulKnowledge"가 올림, https://www.youtube.com/ watch?v=PY8fjFKAC5k.

7. Al Stefanelli, "Taking the Gloves Off . . . When Diplomacy Fails, It's Time to Fight Using the Law," American Atheists, 2011년 9월 14일, http://str.typepad.com/files / americanatheists_eradicatethechristians.pdf.

8. Richard Dawkins, Gary Wolf, "The Church of the Non-Believers" *Wired*, 2016년 11월 1일 자에서 인용, https://www.wired.com/2006/11/atheism.

9. Sam Harris, "Science Must Destroy Religion," *Huffington Post*, 2006년 1월 6일, 2011년 5월 25일 업데이트, http://www.huffingtonpost.com/sam-harris/science-must-destroyreli_ b_13153.html.

10. Nicholas Humphrey, "What Shall We Tell the Children?" *Edge*, 1997년 2월 21일, https:// www.edge.org/conversation /nicholas_humphrey-what-shall-we-tell-the-children.

11. Giovanni Santostasi, Zoltan Istvan, "Some Atheists and Transhumanists Are Asking: Should It Be Illegal to Indoctrinate Kids with Religion?" *Huffington Post*, 2014년 9월 15일 자에서 인용, http://www.huffingtonpost.com/zoltan-istvan/some -atheists-and-transhu_ b_5814484.html.

12. 같은 책.

13. John Laurence von Mosheim, *Institutes of Ecclesiastical History, Ancient and Modern: Volume I.—Primitive Period*, trans. James Murdock (London: Longman, Brown, Green and Longmans, 1850), 72.

14. G. K. Chesterton, *The Everlasting Man* (Mineola, NY: Dover Publications, 2012), 161.

15. "그것에는 그리스도나 마호메트가 없을 것이다…새로운 종교에는 축제가 아주 많을 것 이다. 새로운 종교의 이름은 인류, 자유, 평등, 농경과 산업, 후대 같은 혁명적인 주제들 을 강조하는 이름일 것이다." Otto Scott, *Robespierre: The Voice of Virtue* (New Brunswick, NJ: Transaction Publishers, 2011), 224.

16. "누구나 교회의 상징들을 파괴하고 교회 기물들을 파괴하는 일(vandalizing, 이 단어 자체가 이런 무자비한 성상 파괴를 묘사하기 위해 만들어진 단어이다), 교회 의식에 대한 불경스러운 조롱으로 성직

자들의 제의를 훔치는 일에 참여할 수 있었다. 구실이 필요한 자들은 교회의 종이나 접시를 가져갈 때 국가에 필요한 총이나 동전을 만들어야 한다는 핑계를 대었다…리용으로 행군하는 파리 파견대들은 가는 곳마다 교회를 약탈하고 문을 닫았으며, 예배 기구, 제의, 성화들을 태웠다." William Doyle, *The Oxford History of the French Revolution*, 2nd ed. (Oxford: Oxford University Press, 2002), 260-61.

17. Scott, *Robespierre*, 108.

18. "공포 정치 기간 동안 (파리의 사형 건수를 포함한)총 사형 건수는 16,594건이었다. 하지만 법원에서 공식 사형 언도 없이 죽은 사람은 훨씬 더 많았다. 많은 사람이 비위생적이고 붐비는 감옥에서 재판을 기다리다가 죽었다…미국 역사학자 그리어(Greer)는 공포 정치 시대에 관한 믿을 만한 통계 연구를 통해 총 41,000명의 희생자가 발생한 것으로 추정했다…장 클레망 마르땡(Jean-Clément Martin) 같은 학자들의 좀 더 현실적인 추정에 따르면, 반정부주의자들과 공화주의자들 사이의 전쟁으로 반정부주의자 25만 명과 공화주의자 20만 명이 죽었다. 전쟁 중에 양 진영 모두 소름끼치는 잔혹 행위를 당했다." Marisa Linton, "The Terror in the French Revolution," Kingston University, http://www.port.ac.uk/special/france1815to2003/chapter1/interviews/filetodownload,20545,en.pdf.

19. Michael R. Lynn, "Executions, the Guillotine and the French Revolution," The Ultimate History Project, http://www.ultimatehistoryproject.com/executions-the-guillotine-and-the-french-revolution.html.

20. Ruth Scurr, *Fatal Purity: Robespierre and the French Revolution* (New York: Owl Books, 2006), 305.

21. "Atheists: Nobody Needs Christ at Christmas," American Atheists, December 3, 2013, http://news.atheists.org/2013/12/03/press-release-atheists-nobody-needs-christ-at-christmas/.

22. Thaddeus M. Baklinski, "Most Americans Want to Hear 'Merry Christmas,'" Catholic Online, 2009년 12일 15일, http://www.catholic.org/news/hf/faith/story.php?id=35028.

23. Thomas Jefferson, *Notes on the State of Virginia*, ed. William Peden (Chapel Hill: University of North Carolina Press, 1982), 159.

24. Mark R. Levin, *Men in Black: How the Supreme Court Is Destroying America* (Washington DC: Regnery Publishing, 2005), 53.

5. 무신론자들의 과학만능주의

1. Vincent Bugliosi, *Divinity of Doubt: The God Question* (New York: Vanguard Press, 2011), 41.

2. Vincent Bugliosi, "Why Do I Doubt Both the Atheists and the Theists?" *Huffington Post*, 2011년 4월 12일, http://www.huffingtonpost.com/vincent-bugliosi/why-do-i-doubt-both -the-a_b_844611.html.

3. "Deep Misunderstanding About the Bible by Fr. Robert Barron," YouTube video, 7:35, "Resource777"가 2013년 3월 25일에 올림, https://www.youtube.com /watch?v=htxOjJHB5-8.

4. G. K. Chesterton, *All Things Considered* (New York: John Lane Company, 1909), 277-78.

5. 진화생물학자이자 무신론자였던 고(故) 스티븐 제이 굴드(Stephen Jay Gould)는 기원을 언급 하지 않고서 진화를 정의했다. "진화는 하나의 줄기에서 계속적으로 가지를 뻗어 분산되 는 과정이다. 이 돌이킬 수 없는 분리의 패턴은 생명의 역사에 기본적인 방향성을 제공한 다." *Merriam-Webster*, s.v. "evolution," https://www.merriam-webster.com/dictionary / evolution.

6. Michael Poole, *The 'New' Atheism: Ten Arguments That Don't Hold Water?* (Oxford: Lion Hudson, 2009), 49-50.

7. 2007년 옥스퍼드 자연사 박물관(Oxford Museum of Natural History)에서 "과학이 신을 묻었나?(Has Science Buried God?)"란 제목으로 리처드 도킨스와 벌인 논쟁에서 수학자 존 레녹스(John Lennox)는 이렇게 말했다. "중력의 법칙을 발견했을 때 뉴턴은 '됐어. 이제 이 기제를 알았 으니까 신은 필요하지 않아'라고 말하지 않았습니다." "Lennox Vs. Dawkins Debate—Has Science Buried God?," YouTube video, 1:20:36, "ThickShades0"이 2011년 6월 18일에 올림, https://www.youtube.com /watch?v=J0UIbd0eLxw.

6. 무신론자들의 비겁함

1. Christopher Hitchens, *The Missionary Position: Mother Teresa in Theory and Practice* (New York: Twelve Books, 2012). 크리스토퍼 히친스, 《자비를 팔다》(모멘토 역간).

2. 히친스는 아룹 차터지(Aroup Chatterjee)와 함께 마더 테레사를 모독하는 "지옥의 천사들"이란 심한 제목의 다큐멘터리를 제작했다. "히친스는 전혀 조사를 하지 않았으면서 마치 조사를 한 것처럼 제작을 총괄했다…또한 그는 대중에게 마치 그 다큐멘터리가 자신이 예전부터 구상해온 작업인 것처럼 말했다. 차터지에 따르면 그 다큐멘터리를 편집하고 후반 제작에 참여했다는 히친스의 말은 거짓이었다." Bill Donohue, *Unmasking Mother Teresa's Critics* (Manchester, NH: Sophia Institute Press, 2016), 12.

3. "바티칸은 성인 선정을 엄격하게 한다. 마더 테레사에 관해서도 35,000페이지 분량의 문서

와 증언, 여러 증인들과의 인터뷰를 포함한 (그녀를 성인 반열에 올릴 가능성에 관한)조사가 이루어
졌다. 조사는 총 2년이 걸렸다. 또한 조사를 위해 '마귀의 변호사들(devil's advocates)'이라고 부
르는 12명의 감독 팀이 구성되었다. 그들의 목적은 마더 테레사의 성인 추대를 로비하는 사
람들의 주장에 반박하는 것이었다. 심지어 마더 테레사의 가장 심한 비판자였던 크리스토
퍼 히친스도 증인으로 소환되었다." 같은 책, 4; Christopher Hitchens, "Mommie Dearest:
The Pope Beatifies Mother Teresa, a Fanatic, a Fundamentalist, and a Fraud," Slate, 2003년
10월 20일, http://www.slate.com/articles /news_and_politics/fighting_words/2003/10/
mommie _dearest.html.

4. Preston Ni, "The Truth About Bullies and How to Deal with Them," Psychology Today,
2014년 1월 8일, https://www .psychologytoday.com/blog/communication-success/201401
/the-truth-about-bullies-and-how-deal-them.

5. 마허는 언론과 자신이 진행하는 HBO 프로그램 'Real Time with Bill Maher'에서 이슬람교
를 비판했다. 샘 해리스는 *The End of Faith: Religion, Terror, and the Future of Reason* (New
York: W. W. Norton, 2004)을 비롯한 저서와 논문을 통해, 그리고 공개적으로 이슬람 근본주의
를 비판했다. 샘 해리스, 《종교의 종말》(The End of Faith, 한언 역간). 리처드 도킨스는 공개적
으로, 그리고 글을 통해 이슬람교를 비판했다. 2000년대 중반 그가 마호메트를 그린 덴마
크 만화를 통해 이슬람교를 비판한 내용에 관해 더 알고 싶다면 그의 책 *The God Delusion*
(New York: Mariner Books, 2008) 46-49를 보시오. 리처드 도킨스, 《만들어진 신》(김영사 역간)

6. Anti-theists—Proactive Atheists Opposing Religious Harm. 2013. "If Mary Had Had an
Abortion, We Wouldn't Be in this Mess." Facebook, 2013년 3월 23일, https://www.
facebook.com /RichardDawkinsFoundation/posts/121583994698241. 이 그룹은 이 문구를
넣어 무신론자들이 자랑스럽게 입을 수 있는 티셔츠도 제작했다. https://www.zazzle.com/
antitheist _if_mary_had_had_an_abortion_shirt-235445808725274271.

7. Ken Ammi, "Atheism—The New (Emergent) Atheists, part 4 of 4," True Free Thinker (blog),
http://www.truefreethinker.com /articles/atheism-new-emergent-atheists-part-4-4.

8. Penny Starr, "Atheist: 'Okay for Those on the Left to Critique, Mock, Deride Christianity,
but Islam Gets a Free Pass,'" CNS News, 2015년 10월 30일, http://www.cnsnews.com/
news/ article/penny-starr /atheist-okay-disparage-christians-islam-limits-because-fear.

9. 상동.

10. Friedrich Nietzsche, *The Complete Works of Friedrich Nietzsche: Volume Twelve: Beyond
Good and Evil*, ed. Oscar Levy (New York: MacMillan, 1914), 59, 61, 228.

11. "Christopher Hitchens About His Book 'God Is Not Great at Google,'" YouTube video,
1:06:32, 2015년 8월 8일 "NonBeliever Archive"가 올림, https://www.youtube.com /
watch?v=WYH2fvED674.

12. Barry Arrington, "The New Atheists Are Simpering Cowards," *Uncommon Descent* (blog),

2015년 2월 7일, http://www. uncommondescent. com/intelligent-design/the-new-atheists
-are-simpering-cowards/.

13. 상동.

14. "Bishop Barron on Atheists at the CNN Belief Blog," YouTube video, 8:06, 2011년 7월 28일 "Bishop Robert Barron"이 올림, https://www.youtube.com/watch?v=OOJjI5Yv5TU.

15. "Bishop Barron on the New Atheists," YouTube video, 7:00, 2009년 2월 18일 "Bishop Robert Barron"이 올림, https ://www.youtube.com/watch?v=Xe5kVw9JsYI.

16. "그분 자신은 우리의 영혼이 태워야 했던 연료요 우리 영혼이 먹어야 했던 음식이다." C. S. Lewis, Mere Christianity (New York: HarperOne, 2001), 50. C. S. 루이스, 《순전한 기독교》(홍성사 역간).

17. Augustine, Confessions, ed. Michael P. Foley, trans. F. J. Sheed (Indianapolis: Hackett Publishing Company, 2006), 3. 아우구스티누스, 《고백록》

18. "이 세상 자체가 합리적이지 않다. 이것이 우리가 말할 수 있는 전부다. 그런데 부조리한 것은 우리 마음속에서 분명함을 외치는 이 비합리적이고도 거친 갈망이다." Albert Camus, *The Myth of Sisyphus, and Other Essays*, trans. Justin O'Brien (New York: Vintage, 1991), 21.

7. 무신론자들의 죽음 중심주의

1. 요한복음 10:10 NABRE.

2. 잠언 8:36.

3. Philip Kuchar, "The Culture of Atheism," *The Secular Web*, 2007년 6월 17일, https:// infidels.org/kiosk/article/the-culture-of-atheism-759.html.

4. 1960년 이후 세속주의로 흐르는 미국에 대한 보수 논객 패트릭 뷰캐넌(Patrick J. Buchanan)의 말 : "이 혁명은 미국의 과거를 인종주의, 성차별주의, 제국주의, 집단학살의 사회로 보고 거부하는 혁명이었다…이 혁명은 전통적인 기독교의 도덕과 기독교 자체를 편협하고 억압적인 것으로 여겨 거부하고 전복시키려는 혁명이었다. 젊은이들이 기독교에서 금하는 음탕, 방종, 난잡한 성행위로 흘렀다. 이 혁명은 이혼, 동성애, 낙태에 관한 기독교 교리 중심의 모든 법을 전복시키고 공립학교들에서 기독교적인 상징과 책, 관행을 모두 없애려는 혁명이었다. 이 혁명은 많은 젊은이들뿐 아니라 학계와 언론, 영화계의 대다수를 포섭하고 전향시켰다…그것은 그곳에 인기가 있었기 때문이다. 그리고 그들이 자신들이 자라온 미국을 경멸했기 때문이다." Patrick J. Buchanan, *Day of Reckoning: How Hubris, Ideology and Greed Are Tearing America Apart* (New York: St. Martin's Press, 2007), 176-177. 1951에 출간된 저서 *God and Man at Yale: The Superstitions of Academic Freedom* (Washington DC: Regnery

Publishing, 1986)에서 윌리엄 버클리 주니어(William F. Buckley Jr.)는 "예일 대학이 재학생들의 기독교 신앙을 해치고 있었다"라고 주장했다. 그래서 그는 기독교와 정치적 자유를 늘 지키기 위해 학교들의 자유를 제한해야 한다고 주장했다. (예일 대학은 원래 보수 기독교 대학이었지만 점점 세속주의와 자유주의로 흘렀다.)

5. John Paul II, Evangelium Vitae, The Holy See, 1995, http ://w2.vatican.va/content/john-paul-ii/en/encyclicals /documents/hf_jp-ii_enc_25031995_evangelium-vitae.html.

6. 같은 책.

7. 같은 책.

8. 같은 책.

9. 같은 책.

10. Ken Ammi, "Atheism," Creation Ministries International, 2009년 6월 18일, http:// creation.com /atheism#atheism-communism.

11. Robert Muggah and Renata Giannini, "Interactive Map Tracks Murder Rate Worldwide," IPI Global Observatory, 2015년 5월 19일, https://theglobalobservatory.org/2015/05 / homicide-monitor-brazil-mapping/.

12. "Media Centre: Suicide (Fact Sheet)," World Health Organization, http://www.who.int/ mental_health /suicide-prevention/en/.

13. Sabrina Tavernise, "U.S. Suicide Rate Surges to a 30-Year High," New York Times, 2016년 4월 22일, https://www.nytimes .com/2016/04/22/health/us-suicide-rate-surges-to-a-30-year-high.html; "Suicide Statistics," American Foundation for Suicide Prevention, https:// afsp.org/about-suicide/suicide-statistics/.

14. Gregg Zoroya, "40,000 Suicides Annually, yet America Simply Shrugs," USA Today, 2014년 10월 9일, https://www.usatoday .com/story/news/nation/2014/10/09/suicide-mental-health -prevention-research/15276353/.

15. Thomas W. Jacobson and William Robert Johnston, "Abortion Worldwide Report," The Global Life Campaign, 2017년, https ://www.globallifecampaign.com/abortion-worldwide-report and William Robert Johnston, "Chart Summary of Reported Abortions Worldwide Through August, 2015," http://www .johnstonsarchive.net/policy/abortion/wrjp3314.html.

16. Steven Ertelt, "New Report Claiming 56 Million Abortions Worldwide Every Year Wildly Inflated the Numbers," LifeNews.com, 2016년 5월 26일, http://www.lifenews.com/2016/05/26/new-report-claiming-56-million-abortions -worldwide-every-year-wildly-inflated-the-numbers /. "Abortion Rates Declined Significantly in the Developed World Between 1990 and 2014," Guttmacher Institute, 2016년 5월 11일, https://www.

guttmacher.org/news-release/2016 /abortion-rates-declined-significantly-developed-worldbetween-1990-and-2014.

17. "Number of Abortions—Abortion Counters."

18. 구트마허 연구소(Guttmacher Institute)에 따르면 "2014년 약 926,200건의 낙태가 이루어졌다. 이는 2011년의 106만 건에서 12퍼센트가 줄어든 수치다." Guttmacher Institute, 2017년 10월, https://www.guttmacher.org/fact-sheet/induced-abortion-united-states#2.

19. Tara C. Jatlaoui, et al., "Abortion Surveillance-United States, 2013," Morbidity and Mortality Weekly Report, *Surveillance Summaries* 65, no. 12 (2016): 1-44, http://dx.doi.org/10.15585 /mmwr.ss6512a1.

20. C. Mansfield, S. Hopfer, and T. M. Marteau, "Termination Rates After Prenatal Diagnosis of Down's Syndrome, Spina Bifida, Anencephaly, and Turner and Klinefelter Syndromes: A Systematic Literature Review; European Concerted Action: DADA (Decision-Making After the Diagnosis of a Fetal Abnormality)," Prenatal Diagnosis 19, no. 9 (1999): 808-812, https://www.ncbi.nlm.nih.go v/pubmed/10521836. Brian G. Skotko, "With New Prenatal Testing, Will Babies with Down's Syndrome Slowly Disappear?," *Archives of Disease in Childhood* 94, no. 11 (2009): 823-826, doi: 10.1136 /adc.2009.166017에 인용.

21. Angelina E. Theodorou and Aleksandra Sandstrom, "How Abortion Is Regulated Around the World," Pew Research Center, 2015년 10월 6일, http://www.pewresearch.org /fact-tank/2015/10/06/how-abortion-is-regulated-around-the-world/. "퓨 리서치 센터에 따르면 58개국이 '요청에 따른' 즉 아무 이유로나 낙태를 허용한다. 이런 나라에서는 엄마가 성별에 따라 태아를 자유롭게 죽일 수 있다. 부모가 사내아이를 원하는데 검사 결과 자궁 속의 아기가 여자아이라면 아무런 질문 없이 낙태가 허용된다. 많은 국가가 '여성의 정신 건강을 보호하기 위해' 혹은 '경제적 또는 사회적 이유로' 낙태를 허용한다. 이런 국가에서 성별에 따른 낙태를 원하면 혹은 주변의 강압에 의해 원하면 단지 이유만 적절히 밝히면 낙태가 허용된다.

22. "China New 'Two-Child' Policy Increases Births by 7.9%, Government Says," CBS News, 2017년 1월 23일, https://www .cbsnews.com/news/china-new-two-child-policy-increasesbirths-7-percent-government-says/.

23. Mei Fong chronicled a harrowing account of the policy in China in the *New York Post*: "Sterilization, Abortion, Fines: How China Brutally Enforced Its 1-Child Policy," New York Post, 2016년 1월 3일, http://nypost.com/2016/01/03/how -chinas-pregnancy-police-brutally-enforced-the-one-child -policy/.

24. Lydia Saad, "In U.S., Nonreligious, Postgrads Are Highly 'Pro-Choice,'" Gallup, 2012년 5월 29일, http://www.gallup.com /poll/154946/non-christians-postgradshighlyprochoice.aspx.

25. Alex Schadenberg, "Euthanasia Rate in Netherlands Has Increased 73% Since 2003," Life News, 2012년 7월 31일, http ://www. lifenews. com/2012/07/31/euthanasia-rate-in -netherlands-has-increased-73-since-2003/.

26. Bradford Richardson, "Mark Langedijk, Dutch Man, Euthanized over Alcoholism," *Washington Times*, 2016년 11월 30일, http://www. washingtontimes. com/news/2016/ nov/30 /mark-langedijk-dutch-man-euthanized-over-alcoholis/.

27. 안타깝게도 2016년 9월 벨기에에서 불치병에 걸린 미성년자가 처음으로 안락사되었다. "불치병으로 고생하던 아이가 안락사를 요청했다." Chandrika Narayan, "First Child Dies by Euthanasia in Belgium," CNN, 2016년 9월 17일, http://www.cnn.com/2016/09/17/ health /belgium-minor-euthanasia/.

28. "Panel Clears Dutch Doctor Who Asked Family Members to Hold Patient Down as She Carried Out Euthanasia Procedure," Telegraph, 2017년 1월 28일, http://www.telegraph. co.uk/news/2017/01/28/ panel-clears-dutch-doctor-asked-family-hold-patient-carried/.

29. 워싱턴 주, 오리건 주, 캘리포니아 주, 버몬트 주, 콜로라도 주, 몬태나 주는 현재 조력 자살을 법적으로 허용한다. Angela Chen, "Assisted Suicide Is Now Legal in Colorado," The Verge, 2016년 11월 8일, http://www. theverge. com/2016/11/8/13520908 /assisted-suicide-colorado-death-dignity-right-die-election-2016.

30. "내 누이의 사례에서 그것을 보았고, 우리에게 전화를 거는 가족들의 이야기에서 그것을 본다. 가장 지독한 거짓말 중 하나는 음식과 물을 끊어 누군가를 죽이는 것이 '평화롭고' '고통 없는' 경험이라는 말과 '존엄사'라는 명백히 모순된 개념이다." Bobby Schindler, "I Will Never Forget the Look of Horror on My Sister Terri Schiavo's Face the Day She Died," Life News, 2015년 3월 30일, http ://www.lifenews.com/2015/03/30/i-will-never-forget-the -look-of-horror-on-my-sister-terri-schiavos-face-the -day-she-died/.

31. Susan Donaldson James, "Death Drugs Cause Uproar in Oregon," ABC News, 2008년 8월 6일, http://abcnews.go.com /Health/story?id=5517492.

32. Richard Dawkins, Twitter post, 2014년 8월 20일, https://twitter .com/richarddawkins/stat us/502106262088466432?lang=en.

33. "Richard Dawkins Apologises for Causing Storm with Down's Syndrome Tweet," Guardian, 2014년 8월 21일, https://www .theguardian.com/science/2014/aug/21/richard-dawkins -apologises-downs-syndrome-tweet.

34. J. D. Flynn, "An Open Letter to Richard Dawkins," *First Things*, 2014년 8월 22일, https:// www.firstthings.com /web-exclusives/2014/08/an-open-letter-to-richard-dawkins.

35. "ABR(Advanced Biosciences Resources)는 한 가족계획연맹 병원에 '기술자'를 심어놓았는데, 그는 한 다운증후군 아기의 피부를 325달러에 수거해서 팔았다고 한다. 그렇다. 오늘날 미

238

국에서는 325달러면 낙태된 다운증후군 아기의 피부를 살 수 있다. 같은 아기의 다리도 325달러에 팔렸다…의회 조사 결과, 스템 익스프레스(Stem Express)가 한 가족계획연맹 병원에서 낙태 아기의 뇌를 수거한 사례가 발견되었다. 그들은 가족계획연맹에 55달러를 지불하고 그 뇌를 한 연구가에게 3,000달러 이상에 팔았다고 한다. 무려 2,800퍼센트의 수익이다. 가족계획연맹은 박리다매와 이런 시체 수거 회사들의 '자선적인 기부'로 돈을 벌은 것으로 추정된다." Phelim McAleer, "McAleer: Congress's Planned Parenthood Investigations Find Horrifying, Criminal Practices," Breitbart, 2017년 1월 15일, http://www.breitbart.com/big-government/2017/01/15 /mcaleer-planned-parenthood-investigation-finds-horrifying-criminal-practices/.

36. Thomas D. Williams, "Sierra Club Chief: Abortion Is Key to 'Sustainable Population,'" Breitbart, 2017년 2월 3일, http:// www.breitbart.com/big-government/2017/02/03 /sierra-club-chief-abortion-key-sustainable-population/.

37. Bre Payton, "A Disabled Lawmaker Speaks Out About Abortion: 'People Like Me' Are Facing Extinction," *Federalist*, 2017년 1월 30일, http://thefederalist.com/2017/01/30/disabled -lawmaker-speak-out-about-abortion-says-people-like-me -face-extinction/.

38. "(피터)싱어는 사람의 조건을 충족시키는 것들에만 완전한 도덕적 지위를 부여해야 한다는 개념의 옹호자였다…사람의 자격이 없는 자들, 그래서 완전한 도덕적 지위가 없는 자들 중에는 치매에 걸린 자들이 있다." Stephen W. Smith, *End of Life Decisions in Medical Care: Principles and Policies for Regulating the Dying Process* (Cambridge: Cambridge University Press, 2012), 27. 마이클 스펙터(Michael Specter) New Yorker지에 쓴 싱어의 인물평에 따르면, 싱어는 치매와 싸우는 자신의 어머니를 간호하는 데는 수천 달러도 기꺼이 쓴 인물이었다. New Yorker, 1999년 9월 6일.

39. Margaret Sanger, *Woman and the New Race* (New York: Truth Publishing Company, 1920), 63.

40. Margaret Sanger, "America Needs a Code for Babies," *American Weekly*, 1934년 3월 27일, NYU.edu, https://www.nyu.edu /projects/sanger/webedition/app/documents/show.php?sanger Doc=101807.xml.

41. Margaret Sanger, *The Pivot of Civilization* (New York: Brentano's Publishers, 1922), 112.

42. Margaret Sanger, "My Way to Peace," (연설, New History Society, 1932년 1월 17일), NYU.edu, 2003, https://www .nyu.edu/projects/sanger/webedition/app/documents/show .php?sangerDoc=129037.xml.

43. Margaret Sanger, "Letter from Margaret Sanger to Dr. C. J. Gamble, 1939년 12월 10일," Smith College Libraries, https ://libex.smith.edu/omeka/items/show/495.

44. "생명 문제 연구소(Life Issues Institute) 대표 브래들리 매츠(Bradley Mattes)는 이렇게 덧붙였다. '가족계획연맹의 비즈니스 모델이 소수 인종 동네의 낙태 숫자를 늘려 수익을 창출하는 것이라는 증거가 너무도 확실하다'…이런 조사 결과는 가족계획연맹이 흑인과 빈민

들은 번식에 '적합하지 않다'는 창립자 마거릿 생어의 안락사 철학을 계속해서 추구하고 있다는 사실을 분명히 보여 준다. Steven Ertelt, "79% of Planned Parenthood Abortion Clinics Target Blacks, Hispanics," Life News, 2012년 10월 16일, http://www.lifenews.com/2012/10/16/79-of-planned-parenthood-abortion-clinics-target-blacks-hispanics/.

45. Conor Beck, "More Black Babies in New York City Are Aborted Than Born Alive," Life News, 2016년 2월 3일, http://www.lifenews.com/2016/02/03/more-black-babies-in-new-york-city-are-aborted-than-born-alive/.

46. Michael W. Chapman, "In Mississippi, 72% of the Babies Aborted Are Black," CNS News, 2014년 2월 25일, http ://www.cnsnews.com/news/article/michael-w-chapman / mississippi-72-babies-aborted-are-black.

47. Udo Schuklenk, "Physicians Can Justifiably Euthanize Certain Severely Impaired Neonates," *Journal of Thoracic and Cardiovascular Surgery* 149, no. 2 (2015): 537.

48. Elizabeth Day, "Infanticide Is Justifiable in Some Cases, Says Ethics Professor," *Telegraph*, 2004년 1월 25일, http ://www.telegraph.co.uk/news/uknews/1452504/Infanticide -is-justifiable-in-some-cases-says-ethics-professor.html.

49. Alberto Giubilini and Francesca Minerva, "After Birth Abortion: Why Should the Baby Live?," *Journal of Medical Ethics* 39, no. 5 (2013), 2017년 11월 6일 확인, doi: http://jme.bmj.com/content/39/5/261.

8. 무신론자들의 맹신

1. 이 인용구는 보통 G. K. 체스터턴이 한 말로 여겨지지만 정확한 출처는 찾기 힘들다. 이 인용구는 *The Wit and Wisdom of the 20th Century: A Book of Quotations* (New York: Peter Bedrick, 1987)에서 발견되며, 에밀리 카르마츠(Émile Cammaerts)의 책 The Laughing Prophet: The Seven Virtues and G. K. Chesterton (London: Methuen, 1937) 211페이지의 인용구와 연관 지어져왔다.

2. "루크레티우스(Lucretius)의 *The Nature of the Universe*(무신론 체계에 관한 최고의 고전)는 물질이 창조되는 것이 불가능하기 때문에 물질은 영원하고 창조되지 않은 것이 분명하다고 주장한다. 이 주장의 근거는 '무에서 무가 나올 수 없다'라는 일반적인 인과 원칙이다…흄은 이런 인과 원칙과 정면으로 충돌하는 인과에 관한 설명을 만들어냈다. 흄은 인과에 관한 기존의 관념과 달리, 아무 원인이 없이 존재하기 시작한 뭔가를 상상하는 것이 충분히 가능하다고 주장했다." Paul Russel and Anders Kraal, *The Stanford Encyclopedia of Philosophy*, 2005년 10월 4일, https://plato.stanford.edu/entries/ hume-religion/.

3. "케플러의 행성운동 제1법칙에 따르면 모든 행성의 궤도는 태양을 중심으로 한 타원이다."

Timothy Kusky, "Kepler, Johannes," *Encyclopedia of Earth and Space Science*, ed. Katherine E. Cullen (New York: Facts on File, 2010), 483. "태양, 사실 우리 태양계 전체는 우리 은하를 중심으로 돌아간다." "StarChild Question of the Month for February 2000," StarChild, 2000년 2월, https://starchild.gsfc.nasa.gov/docs/StarChild/questions/question18.html.

4. "천문학자들은 우주가 계급적인 구조로 이루어졌다는 사실을 밝혀낼 수 있었다. 물질이 원자에서 태양계, 은하계, 은하단, 초은하단, 필라멘트, 그 후에는 거대함의 끝(the End of Greatness)이라고 알려진, 계속 이어지는 구조까지 점점 더 큰 구조로 조직된다." Timothy Kusky, *Encyclopedia of Earth and Space Science*, ed. Katherine E. Cullen (New York: Facts on File, 2010), 789.

5. "짧은 기능단백질이 무작위로 형성될 가능성은 너무 낮아, 심지어 수십억 년의 나이를 먹은 우리 우주에서도 사실상 제로나 다름없다((10125분의 1)." Stephen C. Meyer, "The Explanatory Power of Design," in *Mere Creation: Science, Faith and Intelligent Design*, ed. William A. Dembski (Downers Grove, IL: InterVarsity Press, 1998), 126.

6. Michael J. Behe, William A. Dembski, and Stephen C. Meyer, *Science and Evidence for Design in the Universe* (San Francisco: Ignatius Press, 2000), 93.

7. C. S. Lewis, *Mere Christianity* (New York: HarperOne, 2001), 35.

8. Kusky, *Encyclopedia of Earth and Space Science*, 191.

9. "때로는 한 이론을 사용해야 하고 때로는 다른 이론을 사용해야 하며 때로는 둘 중 아무 이론 이나 사용되는 되는 것 같다. 우리는 새로운 종류의 어려움에 처해 있다. 우리는 현실에 대 한 서로 모순된 두 가지 그림을 갖고 있다. 둘은 별개로는 빛의 현상을 온전히 설명할 수 없 고, 함께만 설명할 수 있다." Albert Einstein and Leopold Infeld, *The Evolution of Physics* (New York: Touchstone, 1967), 262-63.

10. Adam Becker, "Why Does Time Always Run Forwards and Never Backwards?" BBC, 2015년 3월 9일, http://www.bbc.com/earth/story/20150309-why-does-time-only-run-forwards.

11. "우리의 물리적 시공은 하나의 시간 차원과 세 개의 공간 차원, 이렇게 네 개의 차원이다… 반면, 끈 이론에서는 여러 시공 차원이 계산되어 나온다. 답은 네 개가 아니라 열 개다." Barton Zwiebach, *A First Course in String Theory*, 2nd ed. (Cambridge: Cambridge University Press, 2009), 7.

12. "상대성과 양자역학은 근본적으로 다른 이론들이다. 완전히 다른 공식을 갖고 있다. 이것 은 단순히 과학적 용어의 문제가 아니다. 이것은 현실에 관한 절대 양립할 수 없는 두 가 지 묘사의 충돌이다. 물리학을 양분하는 두 이론의 갈등은 1세기 넘게 고조되다가, 1905년 아인슈타인이 상대성 이론의 개요를 설명하는 논문과 양자역학을 소개하는 논문을 발표 하면서 충돌의 불꽃이 일어났다." Corey S. Powell, "Will Quantum Mechanics Swallow Relativity?" Nautilus, 2015년 10월 29일, http://nautil.us/issue/29/scaling/ will-quantum-

mechanics-swallow-relativity.

13. Space.com의 부편집장 클라라 모스코위츠(Clara Moskowitz)는 블랙홀, 일반상대성이론, 양자역학의 모순들을 다루었다. "Black Holes: Everything You Think You Know Is Wrong," Space.com, 2012년 8월 2일, https://www.space.com/16867-black-holes-quantum-mechanics-theory.html.

14. 중력은 자연의 일부이고 자연은 스스로 존재할 수 없다는 것은 자기모순이다.

15. "다중우주 논쟁으로 과학 탐구의 본질 자체가 위기에 처했다. 다중우주의 주창자들은 다중우주 가설이 과학적 설명을 제공한다고 주장하기 위해 과학적 증거의 본질을 약화시킬 것을 제안하고 있다. 이것은 위험한 전술이다. 과학의 두 가지 핵심은 검증 가능성과 설명 능력이다. 우주의 배경에서 이 둘은 종종 서로 충돌하며, 이론물리학과 우주론 분야에서 가설이 검증 가능한지는 중요하지 않다는 목소리가 점점 높아지고 있다. 가설이 상당한 설명 능력을 갖고서 이론들과 꽤 잘 맞아떨어지면 검증은 불필요하다는 것이다. 이런 문제점에도 불구하고 많은 논문과 책들이 다중우주가 확실한 과학적 사실이라고 제멋대로 선언하고 있다." George Ellis, "Opposing the Multiverse," A&G 49, no. 2 (2008): 2.33-2.35.

16. Mortimer J. Adler, *How to Prove There Is a God: Mortimer J. Adler's Writings and Thoughts About God*, ed. Ken Dzugan (Chicago: Open Court, 2011), 10.

17. 1996년 도킨스는 미국 인본주의자 협회(the American Humanist Association)로부터 올해의 인본주의자 상을 받을 때 이 말을 했다. Alex Berezow, "Richard Dawkins Is Wrong About Religion," *Forbes*, 2013년 9월 30일자에서 인용, https://www.forbes.com/sites/alexberezow/2013/09/30/richard-dawkins-is-wrong-about-religion/#24958c9319ef.

18. Reza Aslan, Chris Stedman, "'Evangelical Atheists:' Pushing for What?" *Huffington Post*, 2010년 10월 18일자에서 인용, http://www.huffingtonpost.com/chris-stedman/evangelical-atheists-what_b_765379.html.

9. 무신론자들의 악의

1. Gabe Bullard, "The World's Newest Major Religion: No Religion," *National Geographic*, 2016년 4월 22일, http://news.nationalgeographic.com/2016/04/160422-atheism-agnostic-secular-nones-rising-religion/.

2. Carolyn Gregoire, "Happiness Index: Only 1 In 3 Americans Are Very Happy, According to Harris Poll," *Huffington Post*, 2013년 6월 1일, http://www.huffingtonpost.com/2013/06/01/happiness-indexonly1in_n_3354524.html.

3. Marina Marcus et al., "Depression: A Global Public Health Concern," World Health Organization, 2012년, http://www.who.int/mental_health/management/depression/who_

paper _depression_wfmh_2012. pdf.

4. 리 하비브(Lee Habeeb)는 마틴 루터 킹 주니어를 세속적인 인물로 묘사하는 미디어의 경향에 관해 이렇게 말했다. "이번 주에 킹 목사가 아닌 마틴 루터 킹 주니어 박사라는 표현을 끝없이 듣게 될 것이다. 당신이 들을 클립들, 당신이 볼 동영상들은 하나같이 킹의 감동적인 세속적 연설일 것이다. 하나님을 언급하는 연설의 부분들은 듣지 못할 것이다. 이 남자의 정의감이 솟아나는 근원이 되는 책인 성경을 언급하는 부분들도 듣지 못할 것이다." Lee Habeeb, "The Secularization of Martin Luther King Jr." LifeZette, 2017년 1월 15일, http://www.lifezette.com/popzette/secularization-martin-luther-king-jr/.

5. G. K. Chesterton, Francis S. Collins, *The Language of God: A Scientist Presents Evidence for Belief* (New York: Free Press, 2006), 300에 인용. 프랜시스 S. 콜린스, 《신의 언어》(김영사 역간)

6. Ravi Zacharias, *The Real Face of Atheism* (Grand Rapids: Baker Books, 2009), 98, 101.

7. John Stossel and Kristina Kendall, "Who Gives and Who Doesn't," ABC 뉴스, 2006년 11월 28일, http://abcnews .go.com/2020/Story?id=2682730&page=2. 나아가, 2007년 바나(Barna)의 조사 결과 이런 사실이 밝혀졌다. "2006년 종교가 없는 미국인들은 평균 200달러를 기부했다. 이는 교회에 열심히 다니는 성인들이 기부한 평균 액수(1,500달러)보다 일곱 배나 적다. 교회에서 기부하는 액수를 계산에서 뺀다 해도, 교회에 열심히 다니는 성인들은 작년에 무신론자들과 불가지론자들보다 두 배나 많은 액수를 기부했다." "Atheists and Agnostics Take Aim at Christians," Barna, 2007년 6월 11일, https://www.barna.com/research/atheists-and-agnostics-take -aim-at-christians/.

8. 요한복음 11장 25~26절.

9. Charles Dickens, *A Christmas Carol* (London: Bradbury & Evans, 1858), 5. 찰스 디킨스, 《크리스마스 캐럴》.

10. 하버드 문학 교수이자 유명한 새로운 무신론 비판자인 테리 이글턴(Terry Eagleton)은 창조주 하나님과 관련해서 리처드 도킨스가 얼마나 어리석은지를 지적했다. "무에서의 창조 교리와 리처드 도킨스의 직업적 삶 사이에 흥미로운 연관성이 있다. 하나님이 없다면 도킨스는 실직자로 전락한다. 자기 고용주의 존재를 의심하다니 이 얼마나 예의 없는 인간인가." Terry Eagleton, *Reason, Faith, and Revolution: Reflections on the God Debate* (New Haven: Yale University Press, 2009), 9. 테리 이글턴, 《신을 옹호하다》(모멘토 역간)

11. 창세기 1장 26절.

12. 성경에 마귀, 타락한 천사들, 하나님을 상대로 한 천사들의 전쟁을 언급한 구절이 수없이 많다. "하늘에 전쟁이 있으니 미가엘과 그의 사자들이 용과 더불어 싸울새 용과 그의 사자들도 싸우나 이기지 못하여 다시 하늘에서 그들이 있을 곳을 얻지 못한지라 큰 용이 내쫓기니 옛 뱀 곧 마귀라고도 하고 사탄이라고도 하며 온 천하를 꾀는 자라 땅으로 내쫓기니 그의 사자들도 그와 함께 내쫓기니라" (계 12:7-9); "또 자기 지위를 지키지 아니하고 자기 처소를 떠난 천사들을 큰 날의 심판까지 영원한 결박으로 흑암에 가두셨으며" (유 1:6). 사

14:12-15; 겔 28:12-15; 눅 10:18; 요 8:44; 계 12:4도 보시오.

13. 마태복음 26장 53절 : "너는 내가 내 아버지께 구하여 지금 열두 군단 더 되는 천사를 보내
시게 할 수 없는 줄로 아느냐" 누가복음 2:13: "홀연히 수많은 천군이 그 천사들과 함께 하나
님을 찬송하여 이르되"

14. 누가복음 22장 19절. 고전 11:24도 보시오.

15. Frank Pavone, "This Is My Body," Priests for Life, 1997년 4월 29일, http://www.
priestsforlife. org /library/217-this-is-my-body.

10. 하나님 없는 삶의 종말

1. 히친스는 아픈 가운데서도 종교 지지자들과의 논쟁을 계속했다. 2011년 12월 15일 죽기 두
달 전까지도 대중 앞에 모습을 드러냈다. 2010년 10월 컬럼 Vanity Fair지에 쓴 칼럼에서 그
는 자신을 축복한 사람들에게 호의적으로 반응하고, 자신을 저주한 사람들에게 경멸을 표
시했다. 2010년 8월 토니 존스(Tony Jones)와의 ABC Lateline지 인터뷰에서, 그리고 브라이
언 램(Brian Lamb)과 함께 한 C-SPAN Q&A를 통해 자신의 암과 무신론에 관해 이야기했
다. Christopher Hitchens, "Unanswerable Prayers," Vanity Fair, 2010년 9월, http://www.
vanityfair. com /culture/2010/10/hitchens-201010.

2. 신명기 6장 16절. 마 4:7과 눅 4:12도 보시오.

3. Tony Jones, "Hitchens' Last Days: Carol Blue, Christopher Hitchens' Widow, Talks
Candidly About her Husband's Dying Days," ABC Lateline, 2012년 10월 26일, http://
www.abc. net. au /lateline/content/2012/s3619164. htm.

ABC Lateline에서 토니 존스가 히친스의 미망인 캐롤 블루(Carol Blue)를 인터뷰한 내용의
일부.

토니 존스 : "부인, 책을 읽다가 이상한 걸 발견했습니다. 이 약한 상태에서 위대한 무신론
자께서 벽에 걸린 커다란 검은 십자가를 안 볼 수가 없었다고요? 부군의 표현을 빌자면 그
게 병실 벽에 박혀 있었다고요? 부군께는 그것도 일종의 고문이었겠군요."

캐롤 블루 : "그렇습니다. 우리가 병원(히친스는 워싱턴의 한 병원에 입원해 있었다)에 있었기 때문
에 남편은 그것이 이상하다고 생각한 거죠. 조지타운 병원은 가톨릭 병원이에요. 그래서인
지 문마다 위에 커다란 십자가가 붙어 있었죠. 그래서 좀 마음이 편하지 않았죠. 생각해 보
세요. 인간 유전체 사진이라면 그나마 괜찮았을 거예요. 거대한 십자가보다는 나았을 거예
요. 최신 의학의 세계에서 이건 정말 환장할 노릇이지 않나요? 하지만 남편은 크게 신경 쓰
지 않았어요. 오히려 여러 원목들을 비롯해서 병원 복도에서 수시로 보이는 여러 종교인들
과 말하는 걸 즐겼죠. 남편은 늘 거리낌 없이 그들과 말을 섞었지요."

토니 존스 : "마지막 순간까지 믿음의 본질에 관해 논쟁하셨군요."

캐롤 블루: "그렇습니다."

4. 히친스는 조지타운 대학 메디컬 센터(Georgetown University Medical Center, 예수회 기관)에 속한 조지타운 롬바르디 종합 암 센터(Georgetown Lombardi Comprehensive Cancer Center)에서 치료를 받았지만 2011년 12월 15일 텍사스 주 휴스턴에 있는 텍사스 대학 MD 앤더슨 암 센터(MD Anderson Cancer Center)에서 세상을 떠났다.

5. Andrew Sullivan, "The Hitch Has Landed," *The Dish* (blog), 2012년 4월 20일, http://dish. andrewsullivan.com/2012/04/20 /hitchs-service/. 앤드류 설리번은 스티브 와서먼(Steve Wasserman) 외 여러 명이 증언한 히친스의 마지막 순간에 관해서 이렇게 썼다. "이어서 그의 마지막 말이 나왔다. 누워서 죽어가던 그는 펜과 종이를 달라고 해서 글을 쓰기 시작했다. 잠시 후 쓰기를 마친 그가 종이를 들어서 보니 그것은 휘갈긴 의미 없는 성형문자들의 조합이었다. '해서 뭐해?' 그가 스티브 와서먼에게 말했다. 그러고 나서 잠시 졸더니 이내 몸을 일으켜 거의 들리지 않게 두 단어를 내뱉었다. 와서먼이 다시 말해달라고 했다. 그러자 '자본주의'와 '몰락'이란 두 단어가 들렸다."

6. 플루는 1985년 회의주의 탐구 위원회가 주는 최고의 상인 '인 프레이즈 오브 리즌 어워드(In Praise of Reason Award)'를 받았다. 런던에서 CSICOP 회장 폴 쿠르츠(Paul Kurtz)가 직접 수여했다. "'In Praise of Reason' Award Goes to Antony Flew," *Skeptical Inquirer* 10, no. 2 (1985): 102, 104; "NZARH Honorary Associates," New Zealand Association of Rationalists and Humanists, http ://rationalists.nz/about/associates.

7. "내가 내릴 수 있는 유일한 결론은 이 변증가들이 인지력 감퇴로 혼란에 빠진 노인을 이용하고 있다는 것이다. 플루는 자신이 새로운 논증의 결과로 입장을 바꾸었다는 사실은커녕 자신이 어떤 논란의 중심에 있는지조차 이해하지 못하고 있다. 그가 그것을 이해하고 있는 증거가 거의 없다." Adam Lee, "The Exploitation of Antony Flew," *Daylight Atheism* (blog), Patheos, 2007년 11월 6일, http://www.patheos.com /blogs/daylightatheism/2007/11/the-exploitation-of-antony-flew. 애덤 리(Adam Lee)는 2007년 11월 4일 New York Times 인터뷰에서 플루의 "정신력이 감퇴하고(있다)"라는 마크 오펜하이머(Mark Oppenheimer)의 주장을 맹목적으로 받아들였다. 당시는 플루가 2004년에 회심한 지 겨우 3년 뒤였다. 그런데도 그의 "정신력"을 평가하는게 적절할까? 2004년 12월 그는 게리 하버마스(Gary Habermas) 교수와의 일대일 인터뷰에서 특유의 기민함과 민첩함으로 자신의 새로운 믿음을 설명했다("My Pilgrimage from Atheism to Theism: An Exclusive Interview with Former British Atheist Professor Antony Flew," *Philosophia Christi* 6, no. 2, 2004년. Philosophia Christi는 비올라(Biola) 대학에서 출간한 잡지다). 무신론자들이 이 사실을 벌써 잊었다는 사실이 얼마나 우스운가. 마크 오펜하이머와 애덤 리의 바람과 달리 플루는 리의 표현을 빌자면 "자신이 어떤 논란의 중심에 있는지"를 너무도 잘 알고 있었다.

8. Antony Flew, "Exclusive Flew Interview," Benjamin Wiker가 인터뷰, To The Source, 2007년 10월 30일, http://tothesource.org/2007/10/.

9. 요 7:38; 요 4:14; 요 4:10.

10. "The Future of World Religions: Population Growth Projections, 2010-2050," Pew Research Center, 2015년 4월 2일, http://www.pewforum.org/2015/04/02/religious-projections -2010-2050/.

11. 상동.

12. 상동.

13. Conrad Hackett and Brian J. Grim, "Global Christianity: A Report on the Size and Distribution of the World's Christian Population," Pew Research Center: The Pew Forum on Religion and Public Life, 2011년 12월, http://www .pewforum.org/files/2011/12/ Christianity-fullreport-web.pdf.

14. 상동.

15. 상동.

16. Rodney Stark and Xiuhua Wang, *A Star in the East: The Rise of Christianity in China* (West Conshohocken, PA: Templeton Press, 2015), 90.

17. "The Future of World Religions: Population Growth Projections, 2010-2050," Pew Research Center, 2015년 4월 2일, http://www.pewforum.org/2015/04/02/religious-projections -2010-2050/.

18. 앤서니 데스테파노(Anthony DeStefano)가 자신의 책 *Angels All Around Us: A Sightseeing Guide to the Invisible World* (New York: Image, 2012)에서 불가지론을 다룬 방식을 차용했다. 챕터 10 "Seeing the Invisible," page 200를 보시오.

19. G. K. Chesterton, *The Everlasting Man* (New York: Dover Publications, 2012), 244.

20. 마태복음 24:35.

참고 문헌

Adler, Mortimer J. *How to Prove There Is a God: Mortimer J. Adler's Writings and Thoughts About God*. Ken Dzugan 편집. Chicago: Open Court, 2011.

Adler, Mortimer J. *How to Think About God: A Guide for the 20th- Century Pagan*. New York: Touchstone, 1991.

Adler, Mortimer J. *Six Great Ideas*. New York: Touchstone, 1997.

Aquinas, Thomas. *Summa Contra Gentiles*, Book One: God. Anton C. Pegis 번역. Notre Dame, IN: University of Notre Dame Press, 1975. 토마스 아퀴나스, 《대이교도대전1》(분도출판사 역간).

Aquinas, Thomas. *Summa Contra Gentiles*, Book Two: Creation. James F. Anderson 번역. Notre Dame, IN: University of Notre Dame Press, 1975. 토마스 아퀴나스, 《대이교도대전2》(분도출판사 역간).

Aquinas, Thomas. *Summa Contra Gentiles*, Book Three: Providence. Vernon J. Bourke 번역. Notre Dame, IN: University of Notre Dame Press, 1976.

Aquinas, Thomas. *Summa Contra Gentiles*, Book Four: Salvation. Charles J. O'Neil 번역. Notre Dame, IN: University of Notre Dame Press, 1975.

Aquinas, Thomas. *Summa Theologica I–V*. the Blackfriars 번역. Thomas Gilby 편집. New York: Image Books, 1969.

Aristotle. *The Metaphysics*. John H. McMahon 번역. Mineola, NY: Dover, 2007.

Augustine. *Confessions*. Michael P. Foley 편집. F. J. Sheed 번역. Indianapolis: Hackett Publishing Company, 2006. 아우구스티누스, 《고백록》.

Augustine. *The City of God Against the Pagans*. R. W. Dyson 편집과 번역, Cambridge: Cambridge University Press, 1998.

Berger, Peter. *A Rumor of Angels: Modern Society and the Rediscovery of the Supernatural*. New York: Doubleday, 1969.

Berlinski, David. *The Devil's Delusion: Atheism and Its Scientific Pretensions*. New York: Basic Books, 2009. 데이비드 벌린스키, 《악마의 계교: 무신론의 과학적 위장》(행복우물 역간).

Buckley Jr., William F. *God and Man at Yale: The Superstitions of "Academic Freedom."* Washington DC: Regnery Publishing, 2002.

Buckley Jr., William F. *Nearer, My God: An Autobiography of Faith*. New York: Doubleday, 1997.

Bugliosi, Vincent. *Divinity of Doubt: The God Question*. New York: Vanguard Press, 2011.

Chesterton, G. K. Orthodoxy. New York: Image Books, 2001. G. K. 체스터턴, 《정통》.

Chesterton, G. K. St. Thomas Aquinas. San Francisco: Ignatius Press, 2002.

Chesterton, G. K. The Autobiography of G. K. Chesterton. San Francisco: Ignatius Press, 2006.

Chesterton, G. K. The Everlasting Man. New York: Dover Publications, 2012.

Clark, Ronald W. Einstein: The Life and Times. New York: Avon Books, 1984.

Collins, Francis S. The Language of God: A Scientist Presents Evidence for Belief. New York: Free Press, 2006. 프랜시스 S. 콜린스, 《신의 언어》(김영사 역간).

Dante. Paradiso. Robert Hollander와 Jean Hollander 번역. New York: Anchor Books, 2008. 단테, 《신곡》.

Dante. Purgatorio. Jean Hollander와 Robert Hollander 번역. New York: Anchor Books, 2004. 단테, 《신곡 연옥편》.

Dante. The Inferno. Robert Hollander와 Jean Hollander 번역. New York: Anchor Books, 2002. 단테, 《신곡 지옥편》.

Day, Vox. The Irrational Atheist: Dissecting the Unholy Trinity of Dawkins, Harris, and Hitchens. Dallas: Benbella Books, 2008.

DeStefano, Anthony. Angels All Around Us: A Sightseeing Guide to the Invisible World. New York: Image, 2011.

DeStefano, Anthony. Ten Prayers God Always Says Yes To: Divine Answers to Life's Most Difficult Problems. New York: Doubleday, 2007. 앤서니 데스테파노, 《즉답기도: 하나님이 항상 예스라고 응답하는 10가지 기도》(포이에마 역간).

D'Souza, Dinesh. What's So Great About Christianity. Washington DC: Regnery Publishing, 2007.

Eagleton, Terry. Reason, Faith, and Revolution: Reflections on the God Debate. New Haven: Yale University Press, 2009. 테리 이글턴, 《신을 옹호하다》(모멘토 역간).

Farrell, John. The Day Without Yesterday: Lemaître, Einstein, and the Birth of Modern Cosmology. New York: Thunder's Mouth Press, 2005. 존 파렐, 《빅뱅-어제가 없는 오늘》(양문 역간).

Ferris, Timothy. The Whole Shebang: A State-of-the-Universe(s) Report. New York: Touchstone, 1998.

Feser, Edward. The Last Superstition: A Refutation of the New Atheism. South Bend, IN: St. Augustine's Press, 2008.

Geisler, Norman L. and Frank Turek. I Don't Have Enough Faith to Be an Atheist. Wheaton, IL: Crossway Books, 2004.

Greene, Brian. *The Elegant Universe: Superstrings, Hidden Dimensions, and the Quest for the Ultimate Theory.* New York: W. W. Norton, 2003. 브라이언 그린, 《엘러건트 유니버스》(승산 역간).

Greene, Brian. *The Fabric of the Cosmos: Space, Time, and the Texture of Reality.* New York: Vintage Books, 2005. 브라이언 그린, 《우주의 구조》(승산 역간).

Hague, William. *William Wilberforce: The Life of the Great Anti-Slave Trade Campaigner.* Orlando: Harcourt, 2007.

Hahn, Scott, and Benajmin Wiker. *Answering the New Atheism: Dismantling Dawkins' Case Against God.* Steubenville, OH: Emmaus Road Publishing, 2008.

Hawking, Stephen. *A Brief History of Time.* New York: Bantam Books, 1988.

Hitchens, Peter. *The Rage Against God: How Atheism Led Me to Faith.* New York: HarperCollins, 2010.

Horn, Trent. *Answering Atheism: How to Make the Case for God with Logic and Clarity.* El Cajon, CA: Catholic Answers Press, 2013.

Johnson, Phillip E., and John Mark Reynolds. *Against All Gods: What's Right and Wrong About the New Atheism.* Downers Grove, IL: InterVarsity Press, 2010. 필립 존슨, 《유신론과 무신론이 만나다》(복있는사람 역간).

Kamen, Henry. *The Spanish Inquisition: A Historical Revision.* New Haven: Yale University Press, 2014.

Keller, Timothy. *Counterfeit Gods: The Empty Promises of Money, Sex, and Power, and the Only Hope That Matters.* New York: Dutton, 2009. 팀 켈러, 《팀 켈러의 내가 만든 신》(두란노 역간).

Keller, Timothy. *The Reason for God: Belief in an Age of Skepticism.* New York: Dutton, 2008. 팀 켈러, 《팀 켈러, 하나님을 말하다》(두란노 역간).

Kempis, Thomas À. *The Imitation of Christ.* Uhrichsville, OH: Barbour Publishing, 2013. 토마스 아 캠피스, 《그리스도를 본받아》.

Kumar, Manjit. *Quantum: Einstein, Bohr and the Great Debate About the Nature of Reality.* New York: W. W. Norton, 2011.

Lennox, John C. *God and Stephen Hawking: Whose Design Is It Anyway?* Oxford: Lion Hudson, 2011. 존 C. 레녹스, 《빅뱅인가 창조인가》(프리윌 역간).

Lennox, John C. *Gunning for God: Why the New Atheists Are Missing the Target.* Oxford: Lion Hudson, 2011.

Levin, Mark. *Men in Black: How the Supreme Court Is Destroying America.* Washington DC:

Regnery Publishing, 2006.

Lewis, C. S. *Mere Christianity*. New York: HarperOne, 2001. C. S. 루이스, 《순전한 기독교》(홍성사 역간).

Lewis, C. S. *Miracles*. New York: HarperOne, 2001. C. S. 루이스, 《기적》(홍성사 역간).

Lewis, C. S. *The Four Loves*. New York: Harcourt, 1971. C. S. 루이스, 《네 가지 사랑》(홍성사 역간).

Lewis, C. S. *The Problem of Pain*. New York: HarperOne, 2001. C. S. 루이스, 《고통의 문제》(홍성사 역간).

Lewis, C. S. *The Screwtape Letters*. New York: HarperOne, 2001. C. S. 루이스, 《스크루테이프의 편지》(홍성사 역간).

Limbaugh, David. *Jesus on Trial: A Lawyer Affirms the Truth of the Gospel*. Washington DC: Regnery Publishing, 2014.

Livio, Mario. *Brilliant Blunders: From Darwin to Einstein—Colossal Mistakes by Great Scientists That Changed Our Understanding of Life and the Universe*. New York: Simon & Schuster, 2013.

McGrath, Alister. *The Dawkins Delusion? Atheist Fundamentalism and the Denial of the Divine*. Downer's Grove, IL: InterVarsity Press, 2010.

McGrath, Alister. *Twilight of Atheism: The Rise and Fall of Disbelief in the Modern World*. Oxford: Oxford University Press, 2004.

Merton, Thomas. *The Seven Storey Mountain*. Orlando: Harcourt, 1998.

O'Donnell, James J. *Augustine Confessions II: Commentary on Books 1-7*. Oxford: Oxford University Press, 2012.

O'Donnell, James J. *Augustine Confessions III: Commentary on Books 8-13*. Oxford: Oxford University Press, 2012.

Panek, Richard. *The 4% Universe: Dark Matter, Dark Energy, and the Race to Discover the Rest of Reality*. New York: Mariner Books, 2011.

Peters, Edward. *Inquisition*. Berkeley: University of California Press, 1989.

Poole, Michael. The 'New' Atheism: 10 Arguments That Don't Hold Water? Oxford: Lion Hudson, 2009.

Rummel, R. J. *Death by Government*. New Brunswick, NJ: Transaction Publishers, 1994.

Scott, Otto. *Robespierre: The Fool as Revolutionary; Inside the French Revolution*. New York: Mason and Lipscomb Publishers, 1974.

Strobel, Lee. *The Case for Christ: A Journalist's Personal Investigation of the Evidence for Jesus*.

Grand Rapids: Zondervan, 1998. 리 스트로벨, 《예수는 역사다》(두란노 역간).

Susskind, Leonard. *The Black Hole War: My Battle with Stephen Hawking to Make the World Safe for Quantum Mechanics*. New York: Little, Brown, 2008. 레너드 서스킨드, 《블랙홀 전쟁》(사이언스북스 역간).

Turek, Frank. *Stealing from God: Why Atheists Need God to Make Their Case*. Colorado Springs: NavPress, 2014.

Woods, Thomas E. *How the Catholic Church Built Civilization*. Washington DC: Regnery Publishing, 2012.

Vost, Kevin. *From Atheism to Catholicism: How Scientists Led Me to Truth*. Huntington, IN: Our Sunday Visitor, 2010.

Zacharias, Ravi. *The Real Face of Atheism*. Grand Rapids: Baker Books, 2009.

성경

The Holy Bible, New International Version. Grand Rapids: Zondervan, 1984.

The Holy Bible, Revised Standard Version Catholic Edition. San Francisco: Ignatius Press, 1994.

The Holy Bible, King James Version. Grand Rapids: Zondervan, 2010.

감사의 말

토마스 넬슨(Thomas Nelson)의 좋은 사람들, 특히 브리타 노트커(Brigitta Nortker), 스테파니 트레스너(Stephanie Tresner), 사라 브라운(Sara Broun), 그리고 여러 모로 나를 도와주고 이 책의 출간에 가장 큰 역할을 해 준 뛰어난 내 편집자 웹스터 요운스(Webster Younce)에게 감사하고 싶다. 15년 동안 내 저술 활동을 관리해 준 피터 밀러(Peter Miller), 내 동료이자 가장 친한 친구인 제리 혼(Jerry Horn), 조사를 책임지고 있는 내 뛰어난 조수 조나단 코크(Jonathan Caulk), 내 개인적인 조수 다니엘라 말리나 존스(Danielle Malina-Jones)에게도 감사하고 싶다. 특히 '생명을 위한 사제들(Priests for Life)' 미국 대표인 위대한 인물 프랭크 파본(Frank Pavone) 신부에게 이 책을 바치고 싶다.

마지막으로, 내 인생에서 가장 중요한 사람인 지혜롭고도 선하며 아름답고도 사랑이 넘치는 내 아내 조던(Jordan)에게 감사하고 싶다.